新时代智库出版的领跑者

国家智库报告（2021）
National Think Tank (2021)

中国绿色智慧城市发展智库报告
（2021）

REPORT ON THE DEVELOPMENT OF GREEN AND SMART CITIES IN CHINA (2021)

孙伟平　曾刚　主编

中国社会科学出版社

图书在版编目(CIP)数据

中国绿色智慧城市发展智库报告.2021／孙伟平，曾刚主编.—北京：中国社会科学出版社，2021.4（2021.7重印）

(国家智库报告)

ISBN 978-7-5203-7697-6

Ⅰ.①中… Ⅱ.①孙…②曾… Ⅲ.①现代化城市—城市建设—研究报告—中国—2021 Ⅳ.①C912.81

中国版本图书馆CIP数据核字(2020)第264204号

出 版 人	赵剑英
项目统筹	王 茵 喻 苗
责任编辑	范晨星
责任校对	刘 娟
责任印制	李寡寡

出　　版	中国社会科学出版社
社　　址	北京鼓楼西大街甲158号
邮　　编	100720
网　　址	http://www.csspw.cn
发 行 部	010-84083685
门 市 部	010-84029450
经　　销	新华书店及其他书店
印刷装订	北京君升印刷有限公司
版　　次	2021年4月第1版
印　　次	2021年7月第2次印刷
开　　本	787×1092　1/16
印　　张	11.5
插　　页	2
字　　数	120千字
定　　价	68.00元

凡购买中国社会科学出版社图书，如有质量问题请与本社营销中心联系调换

电话：010-84083683

版权所有　侵权必究

中国绿色智慧城市发展智库报告(2021)
编纂委员会

主　编：

孙伟平　哲学博士，上海大学伟长学者特聘教授，社科学部主任；中国社会科学院大学博士生导师。兼任中国现代文化学会副会长及文化建设与评价专业委员会会长，中国辩证唯物主义研究会副会长及价值哲学专业委员会会长。曾任中国社会科学院哲学研究所副所长。2013年"百千万人才工程"国家级人选，并获国家"有突出贡献中青年专家"称号，享受国务院政府特殊津贴专家。

曾　刚　德国University of Giessen博士，华东师范大学终身教授、二级教授，现任华东师范大学城市发展研究院院长，兼任教育部人文社科重点研究基地中国现代城市研究中心主任、上海市高校智库上海城市发展协同创新中心主任、上海市社科创新基地长三角区域一体化研究中心主任以及中国区域科学协会副理事长等职务，享受国务院政府特殊津贴。

副主编：

  石庆玲 华东师范大学城市发展研究院副教授，教育部人文社科重点研究基地中国现代城市研究中心研究员

  滕堂伟 华东师范大学城市与区域科学学院副院长、教授

  胡　德 华东师范大学城市与区域科学学院讲师、博士

编　委：

  曹贤忠 华东师范大学城市发展研究院副教授、博士

  易臻真 华东师范大学城市发展研究院副教授、博士

  王丰龙 华东师范大学城市发展研究院副教授、博士

  朱贻文 华东师范大学城市发展研究院博士后、博士

罗　峰	华东师范大学城市发展研究院助理研究员、博士
宋艳姣	华东师范大学城市发展研究院助理研究员、博士
葛世帅	华东师范大学城市与区域科学学院博士生
苏　灿	华东师范大学城市与区域科学学院博士生
胡森林	华东师范大学城市与区域科学学院博士生
郝　均	华东师范大学城市与区域科学学院博士生
覃柳婷	华东师范大学城市与区域科学学院博士生
张　翌	华东师范大学城市与区域科学学院博士生
杨　阳	华东师范大学城市与区域科学学院博士生
伏志强	上海大学马克思主义学院博士生
高旻昱	华东师范大学城市与区域科学学院硕士生
陆琳忆	华东师范大学城市与区域科学学院硕士生

陈鹏鑫　华东师范大学城市与区域科学学院硕士生

万媛媛　华东师范大学城市与区域科学学院硕士生

欧阳鑫　华东师范大学城市与区域科学学院硕士生

孙　蓉　华东师范大学城市与区域科学学院硕士生

颜仁青　上海大学社会科学学部哲学系硕士生

秘　书：

石庆玲　华东师范大学城市发展研究院副教授，教育部人文社科重点研究基地中国现代城市研究中心研究员

（电子邮箱：qlshi@ iud. ecnu. edu. cn；电话：021 – 62233781）

摘要：新时代下，中国经济增长进入新常态，绿色智慧城市是实现中国经济转型升级和高质量发展的有效路径。习近平总书记不断强调，我们要在推动高质量发展中坚持生态优先、绿色发展，全力以赴转方式、延链条、增活力。2019年4月，习近平总书记在中国北京世界园艺博览会开幕式上以《共谋绿色生活，共建美丽家园》为题发表重要讲话，向世界传递中国坚定走绿色发展之路的决心和信心，发出全球携手共建美丽地球家园的中国邀约。

本报告延续了2018年中国绿色智慧城市发展智库报告的研究框架和思路，在绿色智慧城市的内涵、外延和人本化、生态化、智能化、系统化四个特征的基础上，构建了包含绿色城市、智慧城市和人文城市三大领域22个指标的绿色智慧城市评价指标体系，计算了中国286个地级及以上城市的绿色智慧发展水平，分析了这286个城市绿色智慧发展水平的时空特征。笔者发现，人口规模较大且经济发展水平较高的东部城市位居前列，而人口规模较小且经济发展水平相对落后的西部城市排名靠后，东高西低特征显著。同时，沿江沿海城市、省会城市绿色智慧建设水平也较高。针对我国绿色智慧城市建设中存在的城市内部绿色、智慧、人文协同发展水平低下、核心中心城市对周边城市带动作用不强、边缘中小城市特点不够鲜明等问题，笔者提出了聚焦核心问题、创新体制机制、实施重点项目等综合施治的对策建议。

关键词：绿色智慧城市；高质量发展；可持续发展；城市格局；指数

Abstract: In the new era, China has entered a new normal for ecomonic development. Green and smart city is an effective way to realize China's economic transformation and upgrading and high - quality development. General Secretary Xi Jinping has constantly stressed that we should adhere to the priority of ecology and green development in the promotion of high - quality development, and make every effort to transform the way, extend the chain and increase vitality. On April 2019, General Secretary Xi Jinping delivered an important speech on the opening ceremony of the World Horticultural Exposition in Beijing, China, with the theme of "conspiring green life to build a beautiful homeland", conveying the determination and confidence of China to firmly take the road of green development to the world, and sending China's invitation to build a beautiful global homeland together.

Following the methods and framework adopted by our previous report of 2018, on the basis of the connotation and denotation of green and smart city, and the four characteristics of China's green and smart city, which are human - based, ecological, intelligent and systematic, we put forword the green and smart city evaluation index system, which includes 22 indicators in green city, smart city and humanistic city. Based on the index system, the report constructs a computational model and analyzes the development level of green and smart cities in 286 prefecture – level cities and above in China. The report finds that eastern cities with larger population and higher level of economic development rank top of the list, while western cities with smaller population and relatively backward economic development rank at the bottom, and the characteristics of higher east and lower west are significant. Meanwhile, cities along rivers and coast and provincial capitals are also at a higher level of green and smart development. There are some problems in the construction of green and smart cities in China, such as the low level of cities' inner green, smart, and humanistic coordinated development, the weak driving force for surrounding cities of the core cities, and the non – distinctive characteristic of small and medium – sized cities. For these problems, the report puts forward some comprehensive controlling countermeasures and suggestions on core problems, innovating system and mechanism, and implementing key projects.

Key words: Green and Smart City, High – quality Development, Sustainable Development, Urban Pattern, Index

目 录

前言 …………………………………………（1）

一 绿色智慧城市发展的国内环境 ……………（1）
   （一）绿色智慧城市发展的国家政策
        指引 …………………………………（2）
   （二）绿色智慧城市发展的国家社会
        需求 …………………………………（7）
   （三）绿色智慧城市发展的国家技术
        保障 …………………………………（14）

二 绿色智慧城市发展的全球新动向 …………（25）
   （一）绿色智慧城市发展的国际共识 ………（25）
   （二）绿色智慧城市发展的国际需求 ………（29）
   （三）绿色智慧城市的国际技术支撑 ………（33）

三 绿色智慧城市指标体系构建和指数计算方法 …… (37)
  (一) 相关指标体系考察 …… (37)
  (二) 指标体系构建 …… (43)
  (三) 相关指标解释 …… (47)
  (四) 指数计算方法 …… (52)

四 中国绿色智慧城市发展水平评价 …… (58)
  (一) 绿色智慧城市排行榜 …… (58)
  (二) 绿色智慧城市分指数排行榜 …… (71)
  (三) 绿色智慧城市群排行榜 …… (92)
  (四) 绿色智慧城市群分指数排行榜 …… (95)
  (五) 绿色智慧城市的空间关系分析 …… (102)

五 绿色智慧城市建设的对策与建议 …… (113)
  (一) 解决核心问题 …… (113)
  (二) 创新体制机制 …… (116)
  (三) 实施重点项目 …… (121)

附录 …… (126)
  附录一 中国绿色智慧城市建设大事记 …… (126)

附录二　中国绿色智慧城市建设示范城市 …………………（134）

附录三　发达国家绿色智慧城市建设经验 …………………（150）

参考文献 ………………………………………………（164）

前　言

绿色智慧城市是指基于人与自然和谐共生理念和生态学原则，充分运用信息、智能技术手段感测、分析、整合城市运行核心系统的各项关键信息，对包括民生、环保、公共安全、城市服务、经济活动在内的各种需求做出智能响应，进而建立高效、和谐、健康、可持续发展的人类聚居环境的城市。

与世界正在向生态文明、智能社会进化相适应，绿色智慧城市是未来城市的重要发展方向。我国绿色智慧城市建设受到了党和国家领导人的高度重视，并得到众多城市管理者、广大市民的积极响应。2016年4月19日，习近平总书记在全国网信工作会议上指出，智慧城市是以人民为中心，实现民生服务便捷、社会治理精准、社会经济绿色、城乡发展一体、安全可控的城市。2018年5月18—19日，习近平总书记在全国生态环境保护大会上，全面系统地阐述了生态文明思想，为中国特色社会主义生态文明建设赋予了新的历史使命和新的时代生命力，提供了根本遵循。2017年10月18日，习近平总书记在中国共产党第十九次全国代表大会上指出，发展是解决我国一切问题的基础和关键，发展必须是科学发展，必须坚定不移贯彻创新、协调、绿色、开放、共享的发展理念。在中央战略部署和大力推动下，绿色智慧城市建设高潮迭起。截至2011年年底，我国已有230多个地级及以上城市提出了生态城市建设目标，占现有地级及以上城市总数的80%以上。中国行业研究网2014年9月12日发布的《2015—2020年中国智慧城市建设行业发展趋势与投资决策支持报告前瞻》调查数据显示，我国已有158个地级市完成了数字城市建设计划。

为了全面、系统地了解我国绿色智慧城市建设状况，并为绿色智慧城市建设提供遵循，上海大学社会科学学部主任孙伟平教授、华东师范大学城市发展研究院院长曾刚教授联合组织了上海大学社会科学学部、生态文明研究院以及教育部人文社科重点研究基地中国现代城市研究中心、上海市高校智库上海城市发展协同创新研究中心、上海市社科创新基地长三角区域一体化研究中心、华东师范大学城市发展研究院、城市与区域科学学院、上海社会科学院创新工程"全球城市发展战略智库"骨干人员，在瞄准时代发展趋势、总结建设经验、构建评价指标体系、开展综合计算、进行深入分析的基础上，对我国286座地级及以上城市绿色智慧建设水平进行了综合评价，并提出了推动我国绿色智慧城市建设的对策建议。

研究报告是编纂团队精诚、友好合作的成果。研究报告的基本理念、框架设计、写作思路由孙伟平、曾刚拟定，各部分的主要撰写人员为：前言：孙伟平、曾刚；第一章：石庆玲；第二章：曹贤忠；第三章：朱贻文、王丰龙；第四章：滕堂伟、石庆玲、王丰龙、葛世帅、苏灿、欧阳鑫、孙蓉；第五章：易臻真、胡德、石庆玲；附件：罗峰、宋艳姣、朱贻文。全书统稿由孙伟平、曾刚负责，石庆玲承担了大量工作。胡森林、郝均、覃柳婷、张翌、杨阳、高旻昱、陆琳忆、陈鹏鑫、万媛媛、伏志强等人进行了大量数据收集和整理工作。此外，在研究报告的撰写、出版过程中，中国社会科学出版社赵剑英社长、魏长宝总编辑、王茵副总编辑，智库成果出版中心喻苗副主任、范晨星编辑以及华东师范大学原党委副书记罗国振教授等提供了精心指导和大力支持，在此一并致谢！

绿色智慧城市建设的水平评价是一项非常复杂的

系统工程。受人类对生态文明、智慧城市等的认识的限制，受编纂者学识、时间、研究条件等多方面限制，报告的谬误、错漏之处在所难免，恳请各位读者不吝批评指正！

孙伟平　曾刚

2020 年 8 月 2 日

一 绿色智慧城市发展的国内环境[*]

绿色智慧城市是生态城市和智慧城市的有机结合体，是依据生态文明和信息文明理念，运用大数据资源和信息科技、智能科技等手段，推动城市生态转型和高效运转，完善城市规划设计，提升绿色生产水平，促进市民绿色消费，改善城市生态环境，提升城市运营管理水平和宜居程度，在生产力高度发展的基础上建设的人与自然、人与社会、人与人和谐的现代城市。它旨在环境优美的基础上，将生态化与信息化、智能化有机结合起来，有效解决经济增长与自然环境承载力之间的矛盾，在经济高度发展的基础上实现人与自然更高层次的和谐统一。绿色智慧城市的特征主要包括人本化、生态化、智能化、系统化四个方面，这四个方面是相辅相成，不可割裂的。

---

[*] 本章撰稿人为石庆玲。

在新时代下，中国经济增长进入新常态，绿色智慧城市是实现中国经济转型升级和高质量发展的有效路径。中国发展的环境、条件、任务和要求都发生了新的变化，城市工作和城镇化的步伐要适应国际环境和世界经济出现的新变化，正面临着新的挑战，而全球高科技的迅猛发展，也为绿色智慧城市的建设提供了技术支撑和现实需求。在这个大背景下，如何顺应时代发展潮流，更好地实现绿色智慧城市治理，是当前中国绿色智慧城市建设面临的机遇和挑战。

（一）绿色智慧城市发展的国家政策指引

作为世界第二大经济体，当前中国经济进入持续稳定增长阶段，经济高质量发展为绿色智慧城市建设提供发展环境和内生动能。中国特色社会主义进入了新时代，中国经济发展也踏上了新征程，基本特征就是经济已由高速增长阶段转向高质量发展阶段。推动经济高质量发展，是当前和今后一个时期确定发展思路、制定经济政策、实施宏观调控的根本要求。

作为典型的快速发展的发展中大国，中国的城镇化发展十分迅速，2019年中国常住人口城镇化率突破60%，伴随着城市的发展，能源短缺、交通拥堵、环境污染等亟待改善的"城市病"逐渐凸显出来。为了解决这些问题，国家计划启动智慧城市建设行动，在"十三五"规划期间对智慧城市投资5000亿元，利用智能创新技术，加紧规划和制定更为环保的方案，将能源结构多样化，提高能源效率，以满足电网、交通及建筑领域的能耗需求。实际上，中国从20世纪80年代起，就开始强调城市绿色发展的重要性，并逐步上升为生态文明制度的高度，出现了绿色创新的先锋城市——深圳等一批典型。以绿色生态城区为代表的十余个地方城市规划创新在北京长辛店新城、无锡太湖新城和深圳光明新区等获得实践成功，有效促进了中国绿色城市的标准化建设。

绿色智慧城市的建设离不开政府的推动，更离不开政策的指引。中国绿色智慧城市建设受到党和国家领导人的高度重视，并得到众多城市管理者的积极响应。智慧城市建设作为城市建设领域的新生事物，是政府部门推进新常态下城市转型发展的重要方式，也是促进全社会经济转型升级的重要抓手。2016年开始，国家与各省市"十三五"规划陆续出炉，把生态城市建设和智慧城市建设作为未来城市发展的重心，同时政策文件分别从总体架构到具体应用等角度分别对生态城市建设和智慧城市建设提出了鼓励措施，一系列政策的颁布实施为中国绿色智慧城市建设指引了方向与目标。

2014年8月，国家发展和改革委员会会同工信部、公安部、财政部、国土资源部、住房和城乡建设部以及交通运输部等8部委，出台了《关于促进智慧城市健康发展的指导意见》，围绕"集约、智能、绿色、低碳"，提出未来城市要实现公共服务便捷化、城市管理精细化、生活环境宜居化、基础设施智能化、网络安全长效化。进入"十三五"时期以来，中国绿色智慧城市政策密集发布。2015年12月，中央城市工作会议进一步明确了"绿色"与"智慧"的发展关系，既要推进城市绿色发展，为人民群众提供和谐宜居的生活，也要着力打造智慧城市，提高城市治理能力。

2016年4月19日，习近平总书记在全国网信工作会议上首次提出了新型智慧城市的概念，提出建设真正以人民为中心，实现民生服务便捷、社会治理精准、社会经济绿色、城乡发展一体、网络安全可控的智慧城市。"十三五"规划把智慧城市作为中国新型城镇化发展的一个重点方向。2015年，李克强总理在"中欧城镇化伙伴关系论坛"上致辞，将"深化智慧城市合作"放在首位。2016年8月，在国务院的统一部署下，国家发展改革委和交通运输部联合发布了《推进"互联网+"便捷交通促进智能交通发展的实施方案》，对促进交通与互联网深度融合、推动交通智能化发展提出了总体要求和具体任务。

近年来，以习近平同志为核心的党中央也多次强调生态文明建设和智慧城市建设的重要意义，绿色与智慧成为中国当前城市建设的重要指导方针。2017年10月，党的十九大报告强调了中国绿色发展的工作重点。2018年3月，十三届全国人大一次会议表决通过了《中华人民共和国宪法修正案》，将生态文明历史性地写入宪法，同时表决通过了关于国务院机构改革方案的决定，组建生态环境部。在2018年5月召开的全国生态环境保护大会上，习近平总书记强调，生态文明建设是关系中华民族永续发展的根本大计。在中央政府的重视和推动下，中国先后出台了"大气十条""水十条""土十条"以及《农村人居环境整治三年行动方案》等政策措施，全方位推进美丽中国建设。

2017年10月18日，习近平总书记在中国共产党第十九次全国代表大会上指出，发展是解决中国一切问题的基础和关键，发展必须是科学发展，必须坚定不移贯彻创新、协调、绿色、开放、共享的发展理念。2018年5月18—19日，习近平总书记在全国生态环境保护大会上，全面系统概括了习近平生态文明思想，为中国特色社会主义生态文明建设赋予了新的历史使命和新的时代生命力，提供了根本遵循。2019年4月28日，习近平总书记在2019年中国北京世界园艺博览会开幕式上发表题为"共谋绿色生活，共建美丽家园"的重要讲话，指出地球是全人类赖以生存的唯一家园。我们要像保护自己的眼睛一样保护生态环境，像对待生命一样对待生态环境，同筑生态文明之基，同走绿色发展之路。

2019年5月16日，习近平总书记在致第三届世界智能大会的贺信中指出，"在移动互联网、大数据、超级计算、传感网、脑科学等新理论新技术驱动下，人工智能呈现深度学习、跨界融合、人机协同、群智开放、自主操控等新特征，正在对经济发展、社会进步、全球治理等方面产生重大而深远的影响。中国高度重视创新发展，把新一代人工智能作为推动科技跨越发展、产业优化升级、生产力整体跃升的驱动力量，努力实现高质量发展"。2019年10月11日，习近平总书记在致2019中国国际数字经济博览会的贺信中指出，"中国高度重视发展数字经济，在创新、协调、绿色、开放、共享的新发展理念指引下，中国正积极推进数字产业化、产业数字化，引导数字经济和实体经济深度融合，推动经济高质量发展"。

在中央战略部署和大力推动下，绿色智慧城市建设高潮迭起。截至2011年年底，中国已有230多个地级及以上城市提出了生态城市建设目标，占现有地级及以上城市总数的80%以上。2013年，住建部公布了首批国家智慧城市试点，覆盖90个城市。中国行业研究网 2014 年 9 月 12 日发布的《2015—2020 年中国智慧城市建设行业发展趋势与投资决策支持报告前瞻》调查数据显示，中国已有 158 个地级市完成了数字城市建设计划。到目前为止，中国 95% 的副省级城市、83% 的地级城市，总计超过 500 座城市，均明确提出或正在建设智慧城市。

（二）绿色智慧城市发展的国家社会需求

近年来，各国经济实现了前所未有的突破，创造了无数财富神话。但城市环境因此遭受的破坏也让人类付出了难以承受的代价。过去三十余年，中国的城市化发展十分迅速，形成了全球经济史上最壮观的城市化浪潮。根据国家统计局发布的数据，1980—2019 年，中国常住人口城镇化率从 19.39% 大幅提升到 60.60%，人口由 9.81 亿增长到 13.98 亿，增幅高达 42.51%。但是，中国的迅速城市化也带来了生态环境恶化、人口膨胀、土地紧张、交通拥挤等一系列"大城市问题"，成为限制中国城市发展的瓶颈。《2019 中国生态环境状况公报》[①] 的数据显示，全国 337 个地级及以上城市中，180 个城市环境空气质量超标，占比 53.4%。全国十大水系水质一半遭到污染，其中辽河、

---

① 生态环境部：《2019 中国生态环境状况公报》，2020 年 6 月。

淮河、黄河、海河等流域都有70%以上的河段受到污染，全国31个大型淡水湖泊中，17个为中度污染或轻度污染，全国90%的地下水遭受到了不同程度的污染，其中60%为严重污染。总而言之，环境污染及其对国民生命健康的威胁已经成为广大城市居民的沉重负担，也成为中国当前城市建设过程中亟待解决的难题。而绿色智慧城市技术的应用可以充分感知城市需求，整合城市资源，把握城市脉搏和节奏，特别是大数据信息平台和智能化设备的应用和建设，提高了城市管理质量和城市协同发展，从而逐渐解决城市交通拥堵，降低城市环境污染，实现城市高质量可持续发展的目的。

因此，绿色智慧城市建设理念成为解决这一城市问题的良药。中国政府历来高度重视城市发展中出现的各种问题。自20世纪80年代起，就开始强调绿色对城市发展的重要性，并逐步上升为生态文明的战略高度。近年来，随着生态文明建设的地位越来越高，绿色城市在政策上也得到更多体现，同时，智慧城市也正成为中国新型城镇化一个重要的方向。而且，生态文明与智慧文明有逐渐融合的趋势，借助智慧手段解决绿色城市发展中存在的问题，已经成为城市建设的一大亮点。绿色智慧成为当前城市建设的迫切诉求，也是提高城市可持续发展能力的重要手段和途径，并成为新型城镇化重要战略方向。

首先,中国绿色转型的高质量发展目标需要建设绿色智慧城市。进入21世纪以来,中国能源需求持续攀升,已成为世界最大的能源生产国、消费国和碳排放国,能源结构以化石能源为主,资源环境约束趋紧,供需矛盾凸显,能源安全、可持续发展面临严峻挑战。统计表明[1],中国煤炭占一次能源消费比重约58%,一半以上用于发电,探明储量只能开采50年。煤电装机超过10.4亿千瓦,占全球的一半,机组平均利用小时数仅4400个小时,远低于韩国的6200个小时,按5500个小时的设计标准,相当于2亿千瓦装机是无效投资,产能明显过剩。2019年以来,中国新投产和在建煤电约1.2亿千瓦,接近欧盟国家现有煤电总和(1.4亿千瓦)。在全球30多个国家都在加快退煤的情况下,中国煤电装机量不降反升,面临的压力越来越大。2019年中国碳排放占全球总量的28%,人均排放比世界平均水平高46%,兑现2030年减排承诺任务非常艰巨。

因此,习近平总书记在党的十九大报告中明确了"建立健全绿色低碳循环发展的经济体系,构建市场导向的绿色技术创新体系,构建清洁低碳、安全高效的

---

[1] 刘振亚:《建设我国能源互联网 推进绿色低碳转型(上)》,《中国能源报》2020年7月27日第1版。

能源体系"等绿色发展推进措施,并提出"倡导简约适度、绿色低碳的生活方式,反对奢侈浪费和不合理消费,开展创建节约型机关、绿色家庭、绿色学校、绿色社区和绿色出行等行动"。由此可见,推进大都市的绿色高质量发展是未来全面落实十九大精神的重要举措之一。

进入新时代,中国经济由高速增长阶段转向高质量发展阶段,其内涵具有以下特点:第一,绿色发展成为中国高质量发展的理念,不再单纯追求经济增长,而是在实现经济增长的同时更加重视生态文明建设,实现人与自然和谐发展,建设绿色城市。第二,驱动发展方式转向创新驱动。经济发展方式由增加要素资源带动经济发展转向技术创新驱动,提高资源要素利用率,建设智慧城市。城市是经济发展的主题,也是高质量发展的重要载体。未来的城市发展将更注重推动产业升级、保护生态环境、完善城市基础设施建设、提高人民生活品质等方面,未来城市发展的重点也将是提高城市化的发展质量。尤其是过去以资源型经济为主体的城市。国务院在《全国资源型城市可持续发展规划》(2013—2020年)[国发〔2013〕45号][1]

---

[1] 《国务院关于印发全国资源型城市可持续发展规划(2013—2020年)的通知》[国发〔2013〕45号],2013年11月12日,中国政府网,http://www.gov.cn/zwgk/2013-12/03/content_2540070.htm。

中确定了中国共有262个资源型城市，这些城市存在着严重的"路径依赖"与"锁定效应"，致使绿色经济转型的进展缓慢，无法彻底实现绿色经济的转型。

而实现新时代的城市高质量发展，要从几个方面着手：绿色城市、低碳城市、智慧城市等。因此，绿色智慧城市建设是城市高质量发展的重要需求。

其次，高效运行的城市管理理念需要建设绿色智慧城市。随着信息技术的进步，中国城市管理模式不断升级，城市管理和公共服务越来越向精细化和智慧化方向发展，同时居民对城市的要求也不断提升，传统的城市管理模式已赶不上社会发展的步伐，也无法满足居民需求，城市的高效运行成为城市管理的目标之一。这种城市管理理念促使城市管理者建设绿色智慧城市。

根据《2015—2020年中国智慧城市建设行业发展趋势与投资决策支持报告》[①]文件提供的数据，中国已有311个地级市开展数字城市建设，其中158个数字城市已经建成并在60多个领域得到广泛应用，同时最新启动了100多个数字县域建设和3个智慧城市建设试点。随着智慧城市投资规模的扩大，中国陆续推进智慧城市试点发展，截至2020年4月初，住建部公

---

① 前瞻产业研究院：《2015—2020年中国智慧城市建设行业发展趋势与投资决策支持报告》，2015年。

布的智慧城市试点数量已经达到290个。如果计算科技部、工信部、国家测绘地理信息局、发展改革委所确定的智慧城市相关试点数量，中国智慧城市试点数量累计已达749个（图1-1）。

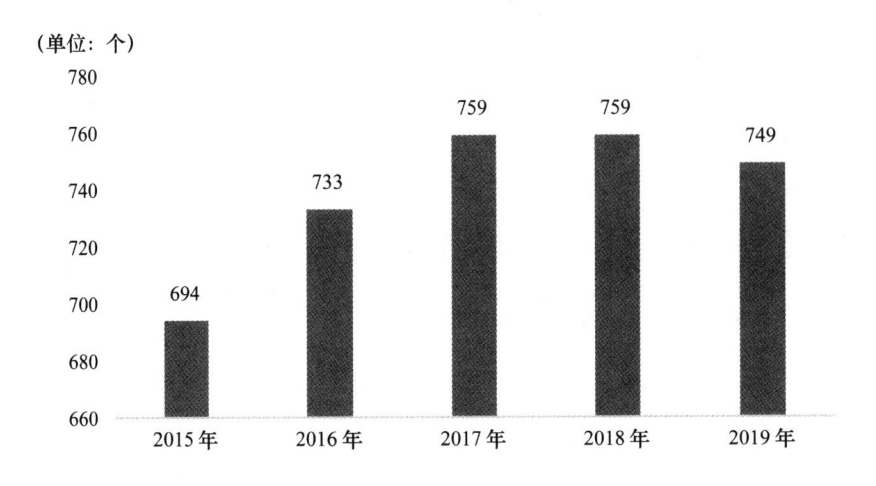

图1-1 2015—2019年中国智慧城市累积试点数量
资料来源：住建部、发展改革委、课题组整理。

因此，绿色智慧城市建设以智慧的方式建设城市，以智慧的手段治理城市，以智慧的理念规划城市，通过打造智慧高效的城市运行管理系统，促进城市规划、建设和管理，从而推动城市的高质量发展。绿色智慧城市建设可以发挥信息化对城市发展的引领作用，可以充分感知城市需求，整合城市资源，把握城市脉搏和节奏，特别是大数据信息平台和智能化设备的应用和建设，提高城市管理质量和城市协同发展，从而逐渐解决城市交通拥堵，降低城市环境污染，实现城市高质量可持续发展的目的。绿色智慧城市建设有利于激发经济新旧绿色动能转换，有助于推动城市产业转型升级，更可以打通城市的数据孤岛，实现城市大数据的采集、共享和利用，更好地满足城市精细化管理与智能化服务要求，有力地推动城市的更高效运行。

最后，以人为本的城市治理诉求需要建设绿色智慧城市。城市是人类的栖居之所，也是人类的家园。绿色智慧城市倡导城市成为人类美好生活的地方，在尊重自然和社会规律的基础上，依托智慧技术，不仅为城市生活带来便利，并且使生活质量得到改善，为居民提供良好的交往与居住环境。绿色智慧城市的文化功能、社会功能、创新功能、生态功能等都是围绕着人展开的，也就是说绿色智慧城市不仅包括良好的宜居环境，还包括良性永续的社会价值文化环境。城市中的人与人的交往是在社会文化环境中进行的，因此绿色智慧城市中优良文化的延续也是城市发展的必然要求。总之，绿色智慧城市建设必须以城市居民为中心，更加注重环境宜居和历史文脉传承，更加注重提升城市居民的获得感、幸福感与健康水平，最终达到城市建设与城市居民的自由全面发展相适应的和谐状态。因此，绿色智慧城市顺应了中国社会发展的需求，成为中国城市建设的必然选择。

（三）绿色智慧城市发展的国家技术保障

随着现代社会经济的发展、科学技术的进步，大数据、云计算、物联网、智能技术等应运而生，以数字化转型为核心的第四次工业革命已经拉开大幕。大数据、云计算和智能技术这"三驾马车"在推进城市化、实现城市的"绿色"和"智慧"上展现出了无可匹敌的速度与能量。这些技术的出现已经很大地提高了城市之间的互联互通水平，同时也在一定程度上对社会运行方式进行了一定的改变，为城市的运营管理提供了更多的便利，呈现出一种新的视角。因此，新技术的发展为城市顺利升级为绿色智慧城市，实现人与自然和谐共存、经济赢得长久繁荣提供了理论支撑和技术保障。

首先，现代化智能科学技术为建设绿色智慧城市提供重要技术手段。近年来，人工智能技术的发展非常迅速，特别是在第三产业的发展过程中，令人们感受到了科技的力量。以交通运输为例，将人工智能技术应用在交通运输领域，可以缓解交通拥堵，方便居民出行，相对增加人们除必要劳动之外的自由时间。比较典型的案例就是杭州的"城市大脑"，它通过将城市道路、信号灯以及安防系统等原本独立的数据汇集起来，将包括警察手中的移动终端整合为一个动态的城市交通网，组成了一个完整的交通系统，再通过云端强大的运算能力和认知反演技术精确计算最优计划并发放信息，使人们获得预测的交通状况，及时避开拥堵路段。"城市大脑"的应用使杭州市的交通状况得到极大的改善，以交通环境最复杂的上塘高架北向南文晖路口为例，通行速度比应用前提升了50%，为市民减少了1个小时的出行时间，这其中有20%的道路还因亚运会而被施工占用，但仍可以保证城市交通的顺畅运行。

随着中国的科技综合实力不断提升，涌现出一大批优秀的IT公司，如百度、腾讯、阿里、小米等。这些公司都是目前中国的IT巨头，它们也纷纷加入了发展和应用人工智能物联网技术的队伍中。2017年，小米IoT开发者大会就宣布与百度联手，前者提供智能硬件、大数据、智能设备生态链等硬件的资源，后者则提供AI技术、海量数据、信息与服务生态等软件的资源，来共同打造出"IoT + AI"生态体系。该生态体系的建立可以实现对场景、用户、需求和资源满足得到更好的理解，从而为用户提供更好的服务体验。另一家以物联网技术架构为核心的科技公司——特斯联，在2017年11月正式建立人工智能AI + 物联网IoT的互动体验厅，在这里一方面可以认识到物联网和人工智能技术；另一方面，则可以体验到在"万物智联"下，数据将以什么形式与人进行交互等一系列问题的答案。

目前人工智能已经在城市治理上初步开始了应用，比如智能安防、智慧司法、智慧养老、智慧交通等。中国政府也高度重视人工智能的发展，于2017年7月20日颁布的《新一代人工智能发展规划》中提出要在2030年达到世界领先水平，使中国成为世界主要人工智能创新中心的目标。2017年10月，人工智能写入党的十九大报告，紧密围绕人工智能领域，随后中国陆续出台了《"互联网+"人工智能三年行动实施方案》《促进新一代人工智能发展三年行动计划（2018—2020）》《新一代人工智能发展规划》《人工智能标准化白皮书（2018版）》《高等学校人工智能创新行动计划》《新一代人工智能治理原则——发展负责任的人工智能》等文件。

其次，"互联网+"等新兴产业与经济深化融合为绿色智慧城市提供必要技术保障。在现代城市智能科学技术帮助下，信息数据能够被快速地感知、测量、传输与存储。在此基础上经过对信息数据的分析处理，将分析结果应用于交通、生产、社区等城市功能中，能够实现城市的自动化管理和决策，大大提高整个城市的运行效率，同时也提高绿色城市建设的水平。而且，绿色智慧城市也不仅仅是对智能技术的简单应用，而是建立在物联网与互联网基础上的智能应用集合，融合了信息网络、产业创新和社会服务等体系。城市中各功能要素通过现代化智能技术整合成为统一的城市智能网络，实现了现实世界与网络信息世界的高度融合，推动城市管理、居民生活、公共服务、资源配置、生态环境等向高效集约方向发展。现代化智能科技将引起城市生产和消费模式的深刻变革，传统产业与新型产业的绿色化、智能化带来产业发展与结构调整，也有助于实现生态效益与经济效益的协同，使得环境保护不再成为经济发展制约条件。

在智慧经济领域，云计算、大数据、人工智能等相关产业逐渐成为城市发展聚焦的重点。以上海市为例，2018年上海市全年实现信息产业增加值5461.9亿元，比上年增长8.2%。其中，信息服务业增加值3084.31亿元，增长11.3%。智能硬件实现产业化突破，涌现出一批细分行业领军企业，8家企业销售规模突破亿元，其中1家达到10亿元。中国电子信息制造业深化供给侧结构性改革，规模、增速稳步提升，新一代信息技术体系不断完善，产业加速向中高端迈进。

"互联网+"催生了众多智慧产业。一是"互联网+"制造步伐加快。汽车、家电、消费品等行业与互联网深度融合，众包研发模式、大规模个性化定制等"互联网+"与制造业融合创新应用模式不断涌现。二是制造业与O2O融合成为应用亮点。一大批制造企业通过O2O整合线上线下资源,创新商业模式,探索个性化定制、按需制造等新型生产方式。三是"互联网+"开放平台助推创业创新。在"互联网+"时代背景下,京东、海尔等一些企业践行创新驱动战略,积极探索新模式、新业态,构建创业创新平台,为中小微企业提供价值服务。如京东推出的"京东到家"、POP开放平台等,为个人及中小企业提供一站式电子商务解决方案,向第三方卖家提供大数据、云计算等专业技术服务,促进中小企业营销的精准化。四是电子商务持续快速增长。2018年6月,人民网研究院、社会科学文献出版社共同发布的《移动互联网蓝皮书:中国移动互联网发展报告(2018)》[①] 数据显示,2017年,中国移动互联网基础设施建设成就最为突出。4G网络建设全面铺开,4G基站净增65.2万个,总数达到328万个。中国开始5G第三阶段试验,并着手部署6G网络研发,窄带物联网也进入了快速发展部署阶段。智能机器人、无人机、智能家居、自动驾驶等领域实现较大技术突破。截至2017年12月,共监测到403万款移动应用,移动应用市场规模达到

[①] 余清楚、唐胜宏:《移动互联网蓝皮书:中国移动互联网发展报告(2018)》,社会科学文献出版社2018年版。

7685亿元，中国已经形成了全球最大的移动互联网应用市场。

随着各领域领先企业陆续进入绿色智慧城市建设领域，绿色智慧城市解决方案提供商在各个领域发挥了自身优势。《互联网周刊》与eNet研究院发布的"2019智慧城市解决方案提供商100强名单"，海康威视、华为、中国电信、中国平安、中兴通讯等入榜前二十榜单[①]。

表1-1 2019绿色智慧城市解决方案提供商TOP20企业及相关产品和服务

排名	名称	智慧城市相关产品和服务
1	海康威视	智慧消防物联网远程监控系统
2	华为	智慧城市的时空大数据与云平台
3	中国电信	5G智慧体验馆
4	中国平安	"1+7+C"智慧交通一体化管理平台
5	中兴通讯	5G系统展车和5G生态展车
6	新华三	绿洲物流网平台3.0
7	浪潮	爱城市网
8	大华股份	智慧城管智慧视屏分析应用系统
9	神州控股	城市大数据解决方案；城市物联网解决方案
10	航天信息	港珠澳大桥旅客资助通关通道
11	广联达	"数字孪生"规建管一体化整体解决方案
12	启明星辰	智慧城市安全运营业务

① 大海港：《2019智慧城市解决方案提供商100强》，《互联网周刊》2019年第18期。

续表

排名	名称	智慧城市相关产品和服务
13	中科曙光	"数字双胞胎"解决方案
14	腾讯	"WeCity 未来城市"解决方案
15	科大讯飞	"互联网+政务"的服务
16	阿里巴巴	互联网+全流程就医服务
17	华夏幸福	国际智慧产业新城综合解决方案
18	清华同方	百城计划
19	四维图新	自动驾驶解决方案
20	百度	由无人驾驶、智能巴士等组成的智慧交通系统

资料来源：大海港：《2019智慧城市解决方案提供商100强》，《互联网周刊》2019年第18期，第32—35页。

随着中国政府陆续开展和推广智慧城市试点工作，智慧城市相关的政策红利不断释放，同时吸引了大量社会资本加速投入。根据2020年2月国际数据公司（IDC）最新发布的《全球智慧城市支出指南》[①]（IDC Worldwide Smart Cities Spending Guide，2020V1），到2020年，中国智慧城市投资市场支出规模将达到266亿美元，是支出第二大的国家，仅次于美国。

最后，中国"大数据"技术的领先水平使绿色智慧城市管理实现系统高效性成为可能。对城市居民来说，信息化、智能化的发展带来了更加高质高效的政府服务，更加便民惠民的智慧生活服务。在中国绿色

---

① IDC Worldwide Smart Cities Spending Guide，2020V1［R］，2020.

智慧城市的建设中，大数据市场已经得到初步开发。虽然在整个绿色智慧城市建设中的占比还不大，但是发展非常迅速。近年来，随着互联网和智能硬件的快速普及，数据以爆炸方式增长，数据量已经从 TB 级别跃升到 PB 乃至 ZB 级别。绿色智慧城市是一种具有"大脑"的复合系统，不论是城市发展理念的转变，还是现代化智能技术的出现，都源自创新。绿色智慧城市中，创新涉及科学技术创新，也涉及社会文化环境和体制的创新。科学技术创新是绿色智慧城市发展的"硬基础"，社会文化环境与体制创新则为绿色智慧城市建设提供"软环境"。社会文化环境与体制创新为技术创新创造更好的孵化空间，而技术创新则又在一定程度上引起社会文化环境的变化，加速社会文化环境与体制的创新。两种创新相互作用，共同促进，从而进一步实现城市自然生态系统与社会经济人文系统良性健康可持续发展的目标。

据中国信息通信研究院发布的《中国数字经济发展与就业白皮书（2018）》[①] 显示，2017 年全国数字经济规模达到 27.2 万亿，占 GDP 总量的 32.9%；数字经济对 GDP 增长贡献已达到 55%，成为中国国民经济的重要组成部分。2019 年 5 月，由大数据战略重点

---

① 中国信息通信研究院：《中国数字经济发展与就业白皮书（2018）》，2019 年 4 月。

实验室研究编著、社会科学文献出版社出版的《大数据蓝皮书：中国大数据发展报告 No.3》发布。报告指出，中国是全球规模最大、最具活力的数字贸易市场，未来当政府治理的范围延伸至数字空间，大数据局或将成为地方政府机构改革的"标配"，而获取数据、分析数据、运用数据，也将是领导干部必须打好的基本功。2018 年，中国数字政府建设进程明显加快，各级政府正积极挖掘互联网和大数据技术在社会治理中的作用，优化社会态势感知、畅通沟通渠道、辅助决策施政。展望未来，政府门户网站、政务服务 APP、公共服务公众号等将成为民主协商的重要平台，互联网和大数据技术的融合能给社会个体提供有效的政治参与渠道，社会治理的主体将由一元主体转向多元主体，治理方式将从单向控制、代议互动转向数字协商。

在智慧交通方面，根据 2020 年 2 月 IDC 最新发布的《全球智慧城市支出指南》[1]，至 2020 年，中国市场支出规模将达到 266 亿美元。根据 CCID（赛迪顾问）数据，中国智慧城市 IT 投资结构中，智慧交通占比 27%。按 27% 比例测算，2019 年，中国智慧交通技术支出规模 61.77 亿美元，通过汇率换算（按美元兑人民币汇率 1∶7），技术支出规模为 432.41 亿元，

---

[1] IDC Worldwide Smart Cities Spending Guide，2020V1 [R]，2020.

2020年技术支出规模为502.74亿元。

在智慧医疗方面，2019年5月，IDC发布《中国医疗行业IT市场预测，2019—2023》（IDC#CHC44054519）[①]报告，指出2018年中国医疗行业的IT花费实际达到了491.8亿元。智慧政务方面，"智慧政府"是绿色智慧城市建设的一个重点领域，而电子政务是"智慧政府"的最直观体现。《2015—2020年中国智慧城市建设行业发展趋势与投资决策支持报告》[②]的数据显示，2014—2018年中国电子政务市场规模逐年扩张，年均复合增长率为13.48%。2018年电子政务市场规模为3060亿元，同比增长9.74%（图1-2）。

由此可见，中国先进的移动通信技术、智慧感知技术、大数据处理技术等，已经走在国际前沿，可以用于构建城市全域的感知网络，全面采集城市泛在的数据，通过建立数据集控中心，对数据进行加工、运行、分析、维护等，可以实现对数据资源的运营管理和共享交易，完全可以为构建安全、便捷、共享、绿色、集约的绿色智慧城市提供必要的技术保障。

[①] IDC中国：《中国医疗行业IT市场预测，2019—2023》（IDC#CHC44054519），2019年12月。

[②] 前瞻产业研究院：《2015—2020年中国智慧城市建设行业发展趋势与投资决策支持报告》，2015年。

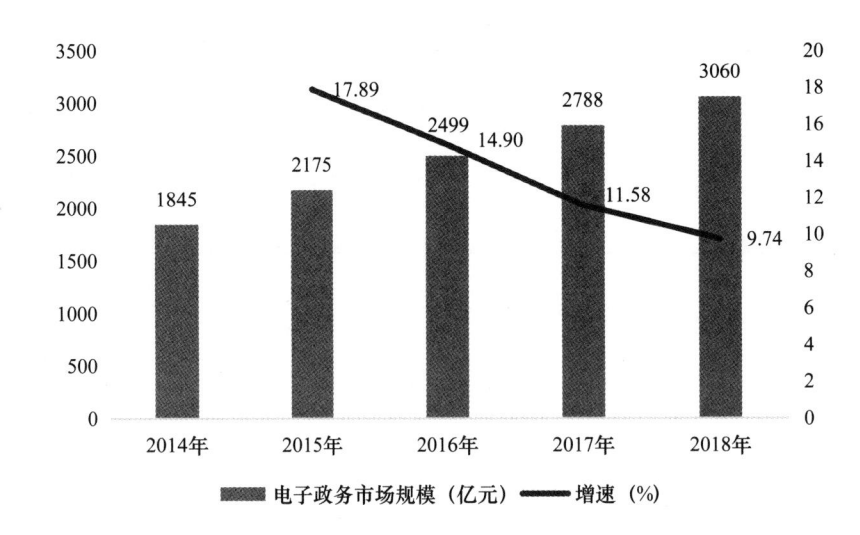

图 1-2　2014—2018 年中国电子政务市场规模情况及增速

资料来源：前瞻产业研究院：《2015—2020 年中国智慧城市建设行业发展趋势与投资决策支持报告》，2015 年。

二 绿色智慧城市发展的全球新动向*

世界各国实践表明，城市化和信息化是国家现代化发展的两大基本任务。以智能科技实现城市的运营管理，以绿色技术支撑城市的可持续发展，将成为城市发展的两大核心要素。构建绿色智慧城市，既是政府部门面临的重大课题，也是科研机构、企事业单位和社会大众需要承担的共同责任[①]。

（一）绿色智慧城市发展的国际共识

绿色城市是发达国家实践可持续发展理念的思想体现，包括采取集中紧凑的城市形态及减少能源消耗，

---

* 本章撰稿人为曹贤忠。
① 陈劲：《绿色智慧城市（一）》，《信息化建设》2010年第3期，第6—11页。

管理高效，以人为本，是环境、经济和社会可持续发展的开放城市。智慧城市是运用信息和网络技术来感测、分析、整合城市运行系统的各项关键信息，从而对民生、环保、公共安全、城市服务、经济活动在内的各种需求做出智能响应。

绿色智慧城市是城市发展的国际共识。联合国在2015年9月峰会上正式宣布了"联合国可持续发展目标"（SDGs），SDGs是对联合国千年发展目标的继承与发扬，包括17个可持续发展目标，旨在转向可持续发展道路，解决社会、经济和环境三个维度的发展问题。各主要国家都紧抓智能时代的机遇，根据本国经济社会发展实际，加快绿色智慧城市建设。如日本提出了"超智能社会"计划，新加坡提出"智慧国"计划，美国、欧洲各国也积极推动新兴信息技术在经济社会各领域中的深入应用[1]。其中，美国是率先将大数据从商业概念上升到国家战略的国家。2012年3月，美国政府公布了2亿美元的《大数据研究发展计划》，提出通过提高美国从大型复杂数据中提取知识和观点的能力，加快科学与工程研究步伐，加强国家安全；2014年5月美国发布《大数据：把握机遇，守护价值》白皮书，对美国大数据应用与管理的现状、政策

---

[1] 丁波涛、陈隽：《全球智慧社会发展趋势》，《中国建设信息化》2020年第13期，第14—15页。

框架和改进建议进行了集中阐述；2016年美国政府又发布《联邦大数据研发战略计划》，包含新兴技术、数据质量、智慧设施、共享机制、隐私安全、人才培养、相互合作七项战略内容。澳大利亚于2016年推出的《智慧城市计划》，涵盖智慧投资、智慧政策和智慧技术三大方面，但都是关于扩大城市投资、促进城市治理优化和加快技术研发与创新，直接涉及信息技术的内容反而很少。2012年7月10日，欧盟委员会启动"智能城市和社区欧洲创新伙伴行动"（Smart Cities and Communities European Innovation Partnership）。"智能城市和社区欧洲创新伙伴行动"集成欧洲在新能源、智能交通和信息通讯（如物联网）等领域的先进技术，在特定的城市开展示范项目，包括高效供热（冷）系统、智能仪表、实时能源管理、零排放建筑、智能交通等，以促进绿色经济和知识经济发展，推动城市生产和生活方式转型，提升城市综合竞争力。

  从绿色智慧城市的实践来看，作为世界绿色智慧城市典范的维也纳，已成长为国际城市中环境质量和生活质量突出的先导城市，绿色智慧城市生态环境指标尤为突出。为建设绿色智慧城市，维也纳提出许多大胆的智能建设项目，如"2050年智能能源计划""2020年道路计划"等绿色减碳计划，与社会各界合作，汇同多方力量，努力把维也纳打造成节能减碳、土地合理利用、交通畅顺的世界领先绿色智慧城市[①]。在维也纳市政府看来，绿色城市是理念，气候保护和能源利用是具体工作，智慧城市则是最好的工具框架。绿色城市与智慧城市结合应该体现在两个领域的发展：首先，提升城市基础设施的利用效率和排放标准；其次，在新城区域开发新的绿色智慧示范项目，注重新技术应用、污染监测、节能改造、废物管理等，最终提升能源利用效率和降低碳排放。

此外，绿色智慧也推动了德国埃森的转型，实现了从工业城市到绿色之都的美丽转型。埃森的城市转型过程是一个典型的从灰色向绿色华丽转型的成功案例，埃森和鲁尔地区的规划者制定了长期的生态环境治理战略，让生态环境的治理和修复不仅变成一种行动，而且成为一种精神文化的传承纽带，让更多的人了解埃森的历史、经受的苦难，从而能够痛定思痛，把埃森建设成为一个宜居的绿色生态和人文历史之城。清理埃姆歇河（Emscher River）就是一个典型例子，自1990年以来，埃森制订了一个30年的埃姆歇河复苏计划。这条河原来是鲁尔地区的工业水道和污水池，在重工业活跃时代，几乎所有的煤矿、钢厂企业的废水、污水都直接排向这条河流，河流两岸污染严重，

[①] 张庆阳：《欧洲绿色智慧城市建设经验谈》，《城乡建设》2017年第11期，第70—72页。

几乎是寸草不生，周边居民的生活也受到非常严重的影响。埃森建设了长达50公里的地下水道，把废水输送往污水处理厂，而不是直接排放入埃姆歇河，同时对河道进行生态修复，特别是土壤修复、河堤的生态加固等，改善了生态环境。此外，为配合工业厂矿的绿色人文改造和埃姆歇河的生态修复，埃森打出了一系列组合拳，尤其是推进了以自行车和公共交通为主体的绿色出行基础设施建设。埃森利用废弃的铁轨网络系统，将其改造成了自行车道，备受埃森市民喜爱，已经变成了埃森中心城区的绿色交通主干。

（二）绿色智慧城市发展的国际需求

城市是人们经济、政治、文化和社会生活的主要载体，18世纪中叶以来的工业文明为人类创造了极大物资财富的同时，也带来了一系列生态和环境问题。尽管绿色智慧城市建设意义重大，并取得了新进展，但仍然面临着诸多难题，如信息孤岛、数据权重、基础薄弱、安全"漏洞"尚难避免等一系列问题[1]。

综观全球城市发展进程，美国纽约、英国伦敦、日本东京等顶级全球城市，均已率先形成绿色智慧的

---

[1] 滕吉文、司芗、刘少华：《当代新型智慧城市属性、理念、构筑与大数据》，《科学技术与工程》2019年第36期，第1—20页。

城市形态，成为全球城市网络体系中的"核心节点城市"。绿色智慧城市是城市发展模式的创新，开展绿色智慧城市建设有助于解决当前发展中面临的环境问题。近年来，各国经济实现了前所未有的突破，创造了无数财富神话。但城市环境因此遭受的破坏也让人类付出了难以承受的代价。2017年1月，世界卫生组织发表了《联合国部门携手应对导致不健康的环境根源》的文章。文章指出，每年有大约1260万人死于与环境危害相关的疾病，比如空气污染、水污染、土壤污染和气候变化，约占全球每年死亡人数的1/4。一方面，城市各种先进的公用设施与市政工程逐步出现并迅速普及，促进了城市发展；另一方面出现了"城市病"，人口无序集聚，能源、资源紧张，生态环境恶化，交通拥堵严重，安全形势严峻，城乡对立差距拉大，人们面临着城市无序发展带来的"智慧之困"。

从城市发展实践来看，东京、新加坡等十分重视智慧的作用，纷纷将建设全球科创中心、智慧城市建设作为城市未来发展的重要目标。此外，挪威卑尔根大学学院（Bergen University College）教授Philip Cooke指出，产业系统是城市创新系统的重要组成部分。英国伦敦大学学院（University College London）吴缚龙（Fulong Wu）教授指出，城市密集和多样的经济活动必将促进城市创新。机器人、人工智能、生物医药是未来城市最重要的新兴产业之一，而软件、航空航天、互联网产业是发展前景广阔、与上述新兴产业互动密切的高技术产业。

机器人产业是新时期重要的战略新兴产业之一，而东京机器产业雄冠全球。20世纪80年代以来，在机器人的生产、出口和使用方面，东京都位居世界前列。2017年，在占有世界90%市场的全球十大工业机器人厂商中，东京就有发那科、安川、那智不二越、爱普生、川崎5家。日本机器人工业协会发布的数据显示，2018年，日本工业机器人全年订单额首次突破1万亿日元（约合603亿元人民币）大关。2019年，日本工业机器人订单额预计比上年增长4%，达到1.05万亿日元（约合633.5亿元人民币）。在机器人技术开发方面，发那科、安川电器、三菱电机等东京知名机器人厂商致力于自动化、机器人与原有工业生产的融合，推出的人机协作机器人、人工智能机器人、智能工厂集成式解决方案表现亮眼，受到了市场的欢迎。

水资源的保护和管理对世界各国也是一个巨大的挑战，特别是对于像新加坡这样的岛屿城市国家。在新加坡独立之前，水就一直是新加坡政策的核心之一，当时新加坡水安全问题异常突出，清洁饮用水供应严重不足、水环境卫生条件极差，季节性洪水肆意泛滥。面对这些挑战，过去的半个世纪这个年轻的国家一直

表2-1　　　　　　　　　东京机器人发展阶段与背景

1967—1970年	1970—1980年	1980—1990年	1990年至今
1967年公司从美国Unimation引进机器人及技川崎重工业技术，1968年试制造出第一台机器人	工业机器人进入大发展时期，工业机器人平均年增长率30.8%	1980年为产业机器人的普及元年，开始在各个领域推广使用机器人	90年代开始机器人产业进入平稳发展阶段，东京机器人产业发展成全球行业引领者
日本经济高速发展、人口出生率下降等因素导致劳动力严重不足，机器人内需强劲	政府采取积极的扶持措施，进一步激发了企业从事机器人生产的积极性		市场需求结构的变化导致日本积极发展机器人出口产业，并一跃成为机器人出口大国

在探索制定有效的水资源管理政策来更好地管理水资源，确保水资源的可持续性。现如今，新加坡对水的适应性管理能力越来越强。从缺水、水资源问题异常突出到可持续的经营管理，对水资源政策很好地实施了一体化思路。从花园城市到花园中的城市的转变，新加坡已经逐渐发展成了一个花园和水城，这个国家已经超越了一个"就水论水"的时代。如何通过更加高效、人性、自然的水资源管理方式来提高新加坡的可宜居性，成为大家努力的方向。因此，为了充分发挥新加坡无处不在的32条河流、17座水库和8000公里水路网络的潜力，新加坡国家水务局（PUB）于2006年启动了"活跃、美丽、清洁的水计划"（Active, Beautiful, Clean：ABC Waters）。其中，Active表示为当地的社区居民提供新的绿色休闲生态空间，使居民能够更加贴近水源、亲近自然；Beautiful表示通

过自然生态的河道景观改造，使河流与其周边社区环境融为一体；Clean 表示通过水资源的人性化管理改善水质、培育更好的人水关系及公共教育。

（三）绿色智慧城市的国际技术支撑

绿色智慧城市是以清洁能源为基础，以信息技术为依托，是实现城市绿色生态转型和高效智慧发展的保障、是社会经济可持续发展的基础、是城市发展的必然趋势。

斯坦福大学学者 Henry S. Rowen[①]认为世界各地交叉创新的信息技术（IT）和清洁能源是政府领导人的首要任务，他们推进智慧城市发展，追求绿色生活提高能源利用效率，保护环境，改善生活质量，提高新产业的竞争力推动全球经济发展。Rosario Ferrara[②]表示，智慧城市的概念已经不局限于有限的范围，它还包括更好地利用资源、较低的污染排放、更好的废物处理、有效利用光和热的建筑节能方法等。国外学者对城市绿色发展的研究最初体现在城市的发展与生态环境的关系上。英国学者爱德华最早提出了"花园城

---

① Henry S. Rowen, "Smart Green Cities", 2017 – 09 – 15, http://fsi.stanford.edu/research/smart_green_cities/.

② Rosario Ferrara, "The Smart City and the Green Economy in Europe: A Critical Approach", *Energies*, 8 (6), 2015, pp. 4724 – 4734.

市"的概念，从而引起了国外学者对城市发展与生态环境相融合的广泛关注①。美国学者蕾切尔·卡逊（Rachel Carson）发表的著作《寂静的春天》（*Silent Spring*）引起了全世界对环保问题的深度重视和思考②。1987年，世界环境和发展委员会首次提出可持续发展概念。1989年，英国学者大卫·皮尔斯等人首次提出绿色发展概念，强调经济发展与环境保护相结合，统筹兼顾，实现人与自然和谐、可持续发展。20世纪80年代末以来，可持续发展理念已经在世界各国的发展中得到深入实践，其中建设绿色生态城市是可持续发展理论的重要理论实践。

从国外传入中国的城市发展模式主要有工业城市、生态城市、数字城市、绿色城市、低碳城市和智慧城市等。其中，工业城市是工业革命后随着现代工业的发展而产生，以工业生产为主要职能的城市；生态城市以生态学原理为基础，拥有结构合理、功能高效、关系和谐的生态系统，是社会、经济、自然三者高度协同的可持续发展城市；数字城市（Digital City）以计算机技术、多媒体技术和大规模存储技术为基础，以宽带网络为纽带，运用遥感、全球定位系统、地理信息系统、遥测、

---

① Elizabeth A., Mitchell R., Hartig T., "Green Cities and Health: A Question of Scale?", *Journal of Epilepsy*, 66 (2), 2012, pp. 160–165.
② 王永芹：《当代中国绿色发展观研究》，博士学位论文，武汉大学，2014年。

仿真、虚拟等技术，对城市进行多分辨率、多尺度、多时空和多种类的三维描述，即利用信息技术手段把城市的过去、现状和未来的全部内容在网络上进行数字化虚拟实现与应用；绿色城市是充满绿色空间、生机勃勃的开放城市，管理高效、协调运转、适宜创业的健康城市，以人为本、舒适恬静、适宜居住和生活的家园城市，各具特色和风貌的文化城市，环境、经济和社会可持续发展的动态城市；低碳城市（Low-carbon City）是大气中 CO_2 含量低的城市，遏制气候变暖，以低碳经济为发展模式及方向，市民以低碳生活为理念和行为特征，政府公务管理层以低碳社会为建设目标和蓝图；智慧城市广泛采用物联网、云计算、人工智能、数据挖掘、知识管理、社交网络等技术，注重用户参与、以人为本，构建有利于创新涌现的制度环境，实现智慧技术高度集成、智慧产业高端发展、智慧服务高效便民，持续创新。2008 年 11 月，在纽约召开的外国关系理事会上，IBM 提出了"智慧地球"（Smart Planet）理念，进而引发了智慧城市建设的热潮[1]。

世界各国在绿色智慧城市建设中采用了不同的技术支撑，均取得了显著成效[2]。如欧洲的智慧城市更多

---

[1] 寇有观：《智慧生态城市是创新的城市发展模式》，《办公自动化》2018 年第 5 期，第 10—29 页。
[2] 川江：《智慧城市发展已成"燎原"之势》，《中国商界》2019 年第 11 期，第 14—15 页。

关注信息通信技术在城市生态环境、交通、医疗、智能建筑等民生领域的作用，希望借助知识共享和低碳战略来实现减排目标，推动城市低碳、绿色、可持续发展，投资建设智慧城市，发展低碳住宅、智能交通、智能电网，提升能源效率，应对气候变化，建设绿色智慧城市。欧盟于 2006 年成立了欧洲 Living Lab 组织，Living Lab 完全是以用户为中心，通过开放创新空间的打造帮助居民利用信息技术和移动应用服务提升生活质量；韩国以网络为基础，打造绿色、数字化、无缝移动连接的生态智慧型城市。通过整合公共通信平台，以及无处不在的网络接入，消费者可以方便地开展远程教育、医疗、办理税务，还能实现家庭建筑能耗的智能化监控等；新加坡 2006 年启动了"智慧国 2015"计划，旨在通过物联网等新一代信息技术的积极应用，将新加坡建设成为经济、社会发展一流的国际化城市。

三 绿色智慧城市指标体系构建和指数计算方法[*]

为了保障"绿色智慧城市指标体系"计算结果的科学性、权威性、准确性，本章在对国内外相关指标体系进行系统考察的基础上，科学构建指标体系整体框架，详细阐释每个具体指标的选取依据，并对指标体系计算方法进行准确设计。

（一）相关指标体系考察

纵观国内外相关研究，绿色智慧城市评价可以借鉴可持续发展、绿色发展、智慧城市、人文城市等指标体系研究成果。本节将对国内外类似主题的指标体系进行系统梳理。

---

[*] 本章撰稿人为朱贻文、王丰龙，胡森林、郝均、覃柳婷、张翌、杨阳、高旻昱、陆琳忆、陈鹏鑫、万媛媛等人进行了大量数据收集与整理工作。

1. 绿色城市指标体系

在现有的绿色城市发展评价中，指标体系在名称上大体涉及"可持续发展""绿色""生态"等相关主题。研究团队对以上主题国内外具有重大影响力的指标体系进行了汇总。在政府及国际组织方面，有联合国可持续发展委员会（Commission on Sustainable Development of United Nation，UNCSD）发布的"联合国可持续发展委员会指标体系（2001）"[①]、中国国家发展改革委等多部委联合制定的"绿色发展指标体系（2016）"以及"生态文明建设考核目标体系（2016）"[②]；在科研机构方面，有加拿大大不列颠哥伦比亚大学（University of British Columbia，UBC）提出的"生态足迹（1992）"（Ecological Footprint，EF）[③]、耶鲁大学（Yale University）和哥伦比亚大学（Columbia University）发布的"环境绩效指标体系（2016）"（Environmental Performance Index，EPI）[④]、中国社会科学院

[①] 联合国可持续发展委员会官方网站，网址：https://sustainabledevelopment.un.org/globalsdreport/。

[②] 中国国家发展和改革委员会官方网站，网址：http://www.ndrc.gov.cn/gzdt/201612/t20161222_832304.html。

[③] Rees W. E., "Ecological footprints and appropriated carrying capacity: what urban economics leaves out", *Environment and urbanization*, 4 (2), 1992, pp. 121–130.

[④] Hsu A., Zomer A., "Environmental performance index", Wiley StatsRef: Statistics Reference Online, 2016.

"中国生态城市建设发展报告（2019）"[①] 以及华东师范大学曾刚教授团队发布的"崇明生态岛建设指标体系（2010）"[②] 等26个相关指标体系，共包含350种指标。由于在不同指标体系中，类似含义的指标可能通过不同的表达方式和侧面进行考察，因此我们对涵盖内容基本类似的指标进行了归并。经汇总，研究团队共筛选出绿色城市类的15项高频指标（表3－1）。

表3－1　国内外绿色生态类指标体系中高频指标一览

排序	指标涵盖内容	涉及次数
1	单位GDP能耗	24
2	服务业（或高新技术）产业所占比重	19
3	森林覆盖率	19
4	新能源消费比重	16
5	各种制度、政策保障措施	15
6	人均绿地面积	11
7	AQI指数（例如＜100的天数比重）	10
8	单位能源污染物排放强度	9
9	公交绿色出行居民比例	8
10	节能建筑比例	8
11	研发投入占GDP比重	7
12	人均可支配收入	7
13	生活垃圾无害化处理率	7

---

① 刘举科、孙伟平、胡文臻：《中国生态城市建设发展报告（2019）》，社会科学文献出版社2019年版。

② 曾刚：《我国生态文明建设的理论与方法初探——以上海崇明生态岛建设为例》，《中国城市研究》2014年第7期，第1—13页。

续表

排序	指标涵盖内容	涉及次数
14	工业"三废"排放达标率	6
15	人口预期寿命	5

资料来源：课题组整理。

根据高频指标分析，我们关注到在绿色生态类指标体系中，"单位GDP能耗""服务业（或高新技术）产业所占比重"等指标出现频率最高，在26个指标体系中出现了超过或接近20次。此外，绿化覆盖率、空气质量指数和新能源消费等指标的出现频数也达到10次或以上。这些高频指标体现了国内外绿色城市相关指标体系的共同关切，将成为本研究后续指标选取中的重要参考。

2. 智慧城市建设指标体系

智慧城市建设是现代城市发展的重要方向。为了科学评价智慧城市发展水平，国内外政府机构、科研院所发布了不少指标体系，得出了许多重要评价成果。国外成果方面，IBM在2007年提出了"SmartCity"的概念[1]，欧盟（EU）发布了"EU中等规模城市智慧

---

[1] Neirotti P., De Marco A., Cagliano A. C., et al., "Current trends in Smart City initiatives: Some stylised facts", *Cities*, 38, 2014, pp. 25–36.

排名评价指标（2007）"①；2012 年，IBM 发布了"IBM 智慧城市评估标准和要素（2012）"②；国内成果方面，国家住建部发布了"国家智慧城市试点指标体系（2012）"③，上海市浦东新区发布了"智慧城市指标体系（2012）"④；2016 年，国家质检总局与国家标准委联合发布了"新型智慧城市评价指标（2016）"⑤；此外，2019 年 5 月，在第三届世界智能大会上，中国标准化研究院、新加坡公共事务对外合作局和 ISO 国际专家组成的联合团队共同发布了"中新天津生态城智慧城市指标体系"⑥。

总的来看，IBM、欧盟所构建的指标体系优点是结构较为简洁、清晰。例如，欧盟的指标体系从"智慧经济""智慧管理""智慧环境""智慧交通""智慧人文""智慧生活"6 个主题，以 20 余个指标对智慧

---

① Giffinger R., Pichler-Milanović N., "Smart cities: Ranking of European medium-sized cities", Centre of Regional Science, Vienna University of Technology, 2007.

② IBM 商业价值研究院：《您的城市有多智慧？——帮助城市衡量进步》，2012 年，http://wenku.it168.com/d_000560879.shtml。

③ 中国住房和城乡建设部官方网站，http://www.mohurd.gov.cn/wjfb/201212/t20121204_212182.html。

④ 上海市浦东新区信息化协会官方网站，http://www.pdxxh.gov.cn/pdxxh2010/content-101-5195.html。

⑤ 中国国家标准化管理委员会官方网站，http://www.sac.gov.cn/sgybzeb/syxw_2174/201612/t20161226_221968.htm。

⑥ 中国新闻网，http://www.chinanews.com/cj/2019/05-18/8840794.shtml。

城市的内涵进行了高度概括，IBM 的指标体系与欧盟的体系类似。不过，该类指标体系的问题在于对中国国情的针对性不强，且没有充分注意到政府的主导作用。而中国的相关指标体系，普遍涉及的领域较多，采用的指标也普遍多达 50 个或以上。这些指标体系大多兼顾到了不同主体在城市发展中的地位和作用，但在使用过程中，也应适当对含义类似的主题进行归并和筛选。

从具体指标来看，国内外研究提出了许多常用的通用指标，在一些近期研究中，也结合最新技术发展方向，提出了一些新兴指标。例如，高新技术产业占 GDP 比重、百万人口专利授权数、从事科技活动人员数量、互联网宽带接入用户数比例等通用指标在许多指标体系中得到应用，这些指标指向性明确且具有很强的可操作性。同时，人工智能学科和专业数量、行政审批事项网上办理比例、智慧交通完备率等新兴指标也能够较好反映某一领域的建设进程，同时也具有较高的可采集性。

3. 人文城市指标体系

目前，单独以"人文城市指标体系"作为评价对象的研究成果较少。在大部分研究中，人文城市是作为一个专题领域，包含在可持续发展、生态城市等指标体系中。在智慧城市、宜居城市等其他指标体系成果里，也会涉及许多与城市人文建设相关的具体指标，例如居民收入水平、社会保障水平、教育资源与文化设施等。有鉴于此，本研究将从现有的绿色生态城市、宜居城市、智慧城市等相关研究中，系统吸收并归纳有关人文城市的评价主题与具体指标。

（二）指标体系构建

1. 指导思想与构建原则

绿色发展与智慧发展的有机融合是本研究的核心思想。习近平总书记在党的十九大报告中指出，创新是引领发展的第一动力，同时，也要加快生态文明体制改革。贯彻落实十九大报告思想，高度重视城市生态文明建设和绿色发展，高度重视科技与创新在驱动国家长远发展中的战略作用，努力实现以人为本，是绿色智慧城市发展的指导方向。

在指导思想指引下，围绕绿色智慧城市建设的目标要求，汲取国内外实践经验，集成相关领域的研究成果和政府管理需求，本研究拟构建一套集科学性、前瞻性、实用性于一体的绿色智慧城市指标体系。具体的建构原则依据系统性、导向性、统筹性、有效性以及可操作性"五大原则"。

系统性原则。绿色智慧城市涵义广泛，是对可持续发展、绿色发展、智慧发展、人文发展等目标的系统集成。本研究注重吸收归纳，对现有国内外指标进行整合与兼容。

导向性原则。绿色智慧城市发展评价应当是可以准确衡量、可以进行横向和纵向比较的。本研究成果应当可对绿色智慧城市建设进行具体引导、评估、调控。

统筹性原则。绿色智慧城市不仅为政府决策服务，也体现了以人为本的思想，强调居民对城市发展进程的获得感。本研究充分考虑城市中的政府、不同产业企业、城市居民等主体需要与诉求。

有效性原则。绿色智慧城市既要传承现有指标体系中通用的评价指标，也要紧跟最新绿色技术、智慧城市的发展方向。本研究兼顾经典与新兴指标、能够反映近期技术发展。

可操作性原则。绿色智慧城市指标体系借鉴相关研究成果，在整体设计上采取繁简适中的策略，在指标选取上充分考虑其适用性与可得性。本研究力求简明，大部分城市数据可获取、可更新。

2. 指标体系框架设计

通过对国内外相关指标体系研究成果进行系统

梳理，依据绿色智慧城市建设指标体系指导思想与构建原则，本研究将指标体系框架设定为三个层次。

第一层次为专题领域，按照绿色智慧城市建设涵盖的宏观主题进行分层，包含绿色城市、智慧城市、人文城市三大专题，以专项指数的形式体现，反映绿色智慧城市建设总体进程，满足国家层面宏观决策、宏观调控的需求。

第二层次为评价主题，按照各个专题领域确定不同的评价主题，以评价指数的形式体现，满足各个城市政府相关职能部门监督管理、引导方向的需求。

第三层次为具体指标，筛选反映评价主题核心内容的具体指标，以指标数值的形式体现，满足绿色智慧城市建设标准量化、规范建设行为的需要。

基于上文所述国内外理论依据，根据本研究设计思想与原则，遵循指标体系设计框架，最终构建绿色智慧城市指标体系（见表3-2）。指标体系包括绿色城市、智慧城市与人文城市三大专题。其中，绿色城市包括绿色生产、绿色生活与绿色生态三个评价主题；智慧城市包括智慧科创、智慧管理与智慧设施三个评价主题；人文城市包括人文保障、人文教育与人文设施三个评价主题。每个评价主题下包含两个具体评价指标，指标体系共计 22 项指标。

表 3-2　　　　　　　绿色智慧城市评价指标体系（2021）

一级指标	二级指标	序号	三级指标
绿色城市	绿色生产	G1	单位 GDP 综合能耗（吨标准煤/万元）
		G2	人均工业二氧化硫排放量（吨/万人）
		G3	高危企业数量（个）
	绿色生活	G4	公共交通出行比例（%）
		G5	生活垃圾无害化处理率（%）
		G6	建成区绿化覆盖率（%）
	绿色生态	G7	空气质量 AQI 优良的天数占全年比例（%）
智慧城市	智慧科创	S1	高新技术产业占 GDP 比重（%）
		S2	百万人口专利授权数（项）
		S3	从事科技活动人员数量（万人）
		S4	人工智能学科和专业数量（个）
	智慧管理	S5	行政审批事项网上办理比例（%）
		S6	政府发布智慧城市建设政策规章制度数量（个）
		S7	互联网宽带接入用户数比例（%）
		S8	智慧交通完备率（计分制）
	智慧设施	S9	ETC 普及率（%）
人文城市	人文保障	H1	综合 GDP 水平
		H2	城镇职工基本养老保险参保率（%）
	人文教育	H3	每万人在校大学生数（人）
		H4	"双一流"学科数量（个）
	人文设施	H5	城市道路通勤水平（计分制）
		H6	百人公共图书馆藏书（册、件）

资料来源：课题组整理。

（三）相关指标解释

1. 绿色城市指标

本报告中的绿色城市发展由"绿色生产""绿色生活""绿色生态"三个方面构成，下有单位 GDP 综合能耗、人均工业二氧化硫排放量、高危企业数量、公共交通出行比例、生活垃圾无害化处理率、建成区绿化覆盖率、空气质量 AQI 优良的天数占全年比例 7 个三级指标进行具体刻画。考虑到高质量发展、控制生态风险的迫切需求，与 2018 年版指标体系[①]相比，绿色城市部分新增了一个新指标："高危企业数量。"

"高危企业数量"，是指将对城市发展产生较大潜在生态风险和危害的企业总数。中国经济发展向高质量发展方向转型，意味着区域经济的绿色发展道路已成为区域可持续发展的必由之路。对生态问题的关注和重视越来越成为实现中国绿色智慧城市发展的必然要求。因此，本报告以高危企业数量来分析经济发展背后的潜在生态风险。相关数据资料来自国家环境保护部发布的各省市《重点监控企业名录》，覆盖了排放废水企业、排放废气企业、污水处理厂、重金属企

---

① 孙伟平、曾刚、石庆玲等：《中国绿色智慧城市发展研究报告（2018）》，中国社会科学出版社 2018 年版。

业、危险废物企业、规模化畜禽养殖场 6 种类型。

2. 智慧城市指标

本报告的智慧城市评价由"智慧科创""智慧管理""智慧设施"三个方面构成,下有高新技术产业占 GDP 比重、百万人口专利授权数、从事科技活动人员数量、人工智能学科和专业数量、行政审批事项网上办理比例、政府发布智慧城市建设政策规章制度数量、互联网宽带接入用户数比例、智慧交通完备率、ETC 普及率 9 个三级指标进行具体刻画。为了全面刻画智慧城市发展水平,与 2018 年版指标体系[①]相比,新增了"从事科技活动人员数量""人工智能学科和专业数量""政府发布智慧城市建设政策规章制度数量"三个新指标。此外,将"智能公交站牌数""共享单车普及率"两个指标替换为"智慧交通完备率""ETC 普及率",以便更好体现智慧城市发展的前沿趋势。

从事科技活动人员数量,指直接从事科技活动以及专门从事科技活动管理和为科技活动提供直接服务人员的数量,能够直接体现一个区域科技创新的整体实力和人力资本。直接从事(或参与)科技活动的人员包括

[①] 孙伟平、曾刚、石庆玲等:《中国绿色智慧城市发展研究报告(2018)》,中国社会科学出版社 2018 年版。

在科研机构、高等学校、各类企业等单位的实验室、技术中心等机构中从事科技活动的研究人员。科技活动管理和为科技活动提供直接服务的人员包括科研机构等单位主管科技工作的负责人，从事科技活动的行政、财务、物资供应、资料管理等工作的各类人员。地方从事科技活动人员数量数据来源于各个城市年度统计公报、年度统计年鉴和《中国城市统计年鉴》。

人工智能相关专业开设数量，是指全国高等学校本科教学开设的人工智能相关专业的数量。人工智能专业是中国高校人才计划设立的专业，旨在培养中国人工智能产业的应用型人才，推动人工智能一级学科建设。2018年4月，教育部研究制定《高等学校引领人工智能创新行动计划》，并研究设立人工智能专业，进一步完善中国高校人工智能学科体系。2019年，教育部公布全国35所普通高校成功申报"人工智能"本科专业，96所高校成功申报"智能科学与技术"本科专业，101所高校成功申报"机器人工程"本科专业。

政府发布智慧城市建设政策规章制度数量，是指各地级市政府所发布的智慧城市建设的统领性文件规章制度。中国在2012年首次提出智慧城市战略，进入"十三五"时期，出台了一系列政策，以推动智慧城市建设。总体而言，关于智慧城市的政策分为四类。第一类是智慧城市建设的具体规划与政策，包括政府长期规划、建设方案、指导意见、项目管理方法等。第二类是在政府的国民经济社会信息化建设总体规划中专门列出的智慧城市政策。第三类是"城市信息化建设"或"数字城市建设"的相关政策，这些项目与智慧城市建设目标类似。第四类是由多个中央部委联合开展的试点项目，重点关注智慧城市建设或相关基础设施。住建部从2012年开始，确立了第一批90个国家智慧城市试点，随后在2013年和2015年分别扩增103个和84个国家智慧城市试点。该指标数据参照智慧城市试点名单，对应城市均已发布相应纲领性文件。

智慧交通普及率，是智慧城市在交通领域的具体体现，使城市交通系统具备泛在感知、互联、分析、预测、控制等能力。随着新一代信息技术的深度应用，对城市交通基础设施、交通流及环境等状态感知将更加动态和实时，深度融合城市道路交通实时拥堵状况、公交、铁路等多方面的信息，智慧交通将推动跨区域交通运输通道、枢纽、运输方式等资源的优化配置，促进多种运输方式之间的无缝衔接和零换乘。在城市内部，各种设备、系统、平台的接口协议和数据规范就是公共智慧交通的关键，智慧电子车站牌、公交APP的运用与否直接反映了城市交通的智慧与否，本研究通过新闻媒体报道和手机APP商城数据搜集了各个城市的智慧电子车站牌、公交APP开发情况，用于对智慧城市的智慧交通部分的研究支撑。

全自动电子收费系统（ETC，Electronic Toll Collection），是智能交通系统的服务功能之一。该技术在国外已有较长的发展历史，美国、欧洲等许多国家和地区的电子收费系统已经局部联网并逐步形成规模效益。2018年以前，中国绝大多数省份ETC使用率难过半，有的省份不足三成。截至2019年6月，河北、广西、安徽等29个省区市已研究起草ETC电子不停车快捷收费系统推广发行方案，意味着ETC的推广应用正迈向全覆盖。本报告中，ETC普及率是通过各省市相关政府文件及相关新闻报道中收集的ETC累计发行用户数除以各省市汽车保有量而得，用以衡量ETC在地区内的安装及使用情况。

3. 人文城市指标

本报告中的人文城市发展由人文保障、人文教育和人文设施三个方面构成，下有综合GDP水平、城镇职工基本养老保险参保率、每万人在校大学生数、双一流学科数量、城市道路通勤水平、百人公共图书馆藏书6个三级指标进行具体刻画。与2018年版指标体系[①]相比，为了兼顾GDP总量与人均水平，将原先

---

① 孙伟平、曾刚、石庆玲等：《中国绿色智慧城市发展研究报告（2018）》，中国社会科学出版社2018年版。

"人均 GDP"指标进行了优化,更新为"综合 GDP 水平"这一复合指标。

为了兼顾总量和人均水平,"综合 GDP 水平"指标由城市 GDP 总量和人均 GDP 两部分组成。GDP(国内生产总值)是指一个地区(国家),包括本地居民、外地居民在内的常住单位在报告期内所产和提供最终使用的产品和服务的价值。人均 GDP 是指一个地区(国家)核算期内实现的国内生产总值与这个地区(国家)的常住人口的比值,是衡量地区(国家)经济发展和人民生活水平的一个重要标准。本指标由城市总体 GDP 和人均 GDP 两部分组成,原始数据经标准化后,城市 GDP 总量和人均 GDP 指标的权重各占 50%。GDP 总量和人均 GDP 数据均来源于各省市《统计年鉴》、各个城市《国民经济和社会发展统计公报》。

(四)指数计算方法

1. 指数的分析方法

本报告主要采用相关分析、规模—位序分析和空间计量分析三种方法。

(1)相关分析

相关分析是一种常用的推断性统计分析方法。相关关系是指某一现象在数量上发生变化会影响到另一现象数量上的变化，而且这种变化在数量上具有一定的随机性。相关分析包括观察数据图表变动趋势的相似性、计算协方差和计算相关系数等形式。计算相关系数是相关分析中最为常用的方法。相关系数主要包括 Pearson 相关系数、Spearman 相关系数和 Kendall 相关系数等具体指标。其中，Pearson 相关系数最为常用，其计算公式为：

$$R = \frac{\sum (X_i - \bar{X})(Y_i - \bar{Y})}{\sqrt{\sum (X_i - \bar{X})^2 \sum (Y_i - \bar{Y})^2}}$$

相关系数取值在 -1 到 +1 之间。一般认为，如果相关系数的绝对值高于 0.8，则两个变量高度相关；如果相关系数的绝对值介于 0.3 和 0.8 之间，则两个变量中度相关；如果相关系数的绝对值低于 0.3，则两个变量之间微弱相关。绿色智慧城市发展的评价指标体系包含 3 个要素层，可以通过相关分析考察 3 个要素之间的关系。

（2）规模—位序分析

自然界和人类社会中很多现象的规模与其在总体中的排序存在一定的规律。规模位序理论最早由德国学者奥尔巴克（F. Auerbach）于 1913 年在研究欧美城市位序—规模分布规律时提出的。1935 年美国哈佛大学语言学教授乔治·今斯利·齐夫（George Kingsye

Zipf) 在对自然语言的语料库分析时发现, 一个单词出现的频率与它在频率表里的排名成反比, 并将这一规律称之为 Zipf 定律[①]。Zipf 定律实际上描述的是规模与位序的分形关系, 即二者取对数后呈现线性关系:

$$\ln V_i = \alpha + \beta \ln R_i$$

其中, V_i 和 R_i 分别代表 i 城市绿色智慧发展的得分和排序, β 为分形维数。β 越大表示不同等级城市的规模差异越大。根据 β 的大小, 可以将规模位序分布分为三类: 首位型 ($\beta \geq 1.2$)、集中型 ($0.85 < \beta < 1.2$)、分散均衡型 ($\beta \leq 0.85$)。

本研究采用规模—位序分析方法, 考察中国不同城市绿色智慧发展得分与其排名之间的分布规律。

(3) 空间计量分析

空间计量分析主要考察不同区域的经济社会指标的空间关联性, 即各地区间的指标是否存在相似性、是否存在空间相互作用。空间计量分析包括计算空间自相关系数和构建空间回归模型等形式。空间自相关系数包括 Moran's I、Geary's C、Getis、Join count 等具体指标。其中, Moran 指数 (Moran's I) 最为常用。该指数由澳大利亚统计学家帕特里克·阿尔弗雷德·皮尔斯·莫兰 (Patrick Alfred Pierce Moran) 在 1950 年提

[①] Zipf G. K., *Human Behavior and the Principle of Least Effort*, Cambridge: Addison-Wesley Press, 1949.

出,其计算公式为①:

$$\text{Moran's } I = \frac{\sum_{i=1}^{n}\sum_{j=1}^{n}W_{ij}(Y_i-\bar{Y})(Y_j-\bar{Y})}{S^2\sum_{i=1}^{n}\sum_{j=1}^{n}W_{ij}}$$

其中,$S^2 = \dfrac{\sum_{i=1}^{n}(Y_i-\bar{Y})^2}{n}$ 为样本方差,$\bar{Y} = \dfrac{1}{n}\sum_{i=1}^{n}Y_i$ 为样本均值,Y_i 表示第 i 个城市的绿色智慧发展得分(或要素层得分);n 为城市总数(本报告为286个);W_{ij} 为空间权重矩阵,本报告主要选取地理距离倒数(以千米为单位)矩阵。Moran指数的取值范围介于 -1 至 1 之间:若其数值大于 0,说明空间相邻城市的绿色智慧发展存在相似性或正相关,反之说明存在负相关;若其数值为 0,则说明相邻城市的绿色智慧发展服从随机分布,不同城市间几乎相互独立。莫兰指数又包含全局莫兰指数(Global Moran's I)和局域莫兰指数(Anselin Local Moran's I)两种形式,前者衡量整体上相邻城市的绿色智慧发展在空间是否聚集,后者则分别衡量每座城市与其周边城市空间上的相关性。

本报告分别计算了整体和不同要素层绿色智慧发展得分的全局和局域 Moran 指数,绘制了城市局域 Moran 指数散点图,并将城市分为 4 个象限——第 1 象限

---

① Boots B., Okabe A., "Local statistical spatial analysis: Inventory and prospect", *International Journal of Geographical Information Science*, 21 (4), 2007, pp. 355–375.

为高—高组合，表示绿色智慧城市发展水平高的城市被高水平的城市包围；第2象限为低—高组合，表示绿色智慧城市发展水平低的城市被高水平城市包围；第3象限为低—低组合，表示绿色智慧城市发展水平低的城市被同是低水平的城市包围；第4象限为高—低组合，表示绿色智慧城市发展水平高的城市被低水平的城市包围。

2. 指标的计算过程

为了增加数据之间的可比性和参数运算的科学性，本报告采取了标准化和加权平均方法计算总体得分。首先，为了对不同量纲的指标进行加总，对每个指标进行了无量纲转换，将最大值的城市分值设为100，最小值城市得分设为1，其他城市得分参照最高与最低的城市得分进行转换。具体转换公式如下：

$$X'_{ij} = \frac{99(X_{ij} - min_j)}{(max_j - min_j)} + 1, i = 1,2,3,\cdots,n$$

其中，X'_{ij}为i地级及以上城市的第j个指标无量纲转换后的值，X_{ij}为i城市第j个指标的原始值，min_j和max_j分别为所有城市中第j个指标的最低和最高原始得分。不过，对部分负面指标（如城市空气质量指数）采用的是反向赋分。

其次，通过分层计算平均值的形式，对三个要素层的各项具体指标进行加权平均，生成各城市的绿色智慧发展水平得分。计算公式为：

$$T = \frac{(T_1 + T_2 + T_3)}{3}$$

$$T_i = Mean(X_{im})$$

其中，T 和 T_i 为城市的整体和第 i 要素层绿色智慧发展水平得分。X_{im} 为城市的第 i 要素层第 m 个具体指标标准化后的得分。

四 中国绿色智慧城市发展水平评价[*]

本章对全国286个地级及以上城市的绿色智慧城市发展指数进行了综合计算和空间分析，并对绿色城市、智慧城市和人文城市分指标分别进行了深入分析，同时从城市群等角度深入剖析全国绿色智慧城市发展差异的原因，为后续章节奠定分析基础。

（一）绿色智慧城市排行榜

为深入了解全国286个地级及以上城市的绿色智慧城市建设情况，下文将根据相关数据的计算结果，对2019年全国各地级以上城市绿色智慧城市发展排行榜（表4-1）进行分析。

---

[*] 本章撰稿人为滕堂伟、石庆玲、王丰龙、葛世帅、苏灿、欧阳鑫、孙蓉。

表4-1　中国地级及以上城市绿色智慧发展城市发展排行榜（2019）

城市	指数	排名	城市	指数	排名	城市	指数	排名
北京	68.77	1	济南	50.75	29	衢州	45.86	57
深圳	68.75	2	太原	50.59	30	台州	45.85	58
上海	66.60	3	长春	50.59	31	呼和浩特	45.35	59
广州	61.66	4	佛山	50.47	32	泰安	45.34	60
珠海	61.08	5	莆田	50.37	33	惠州	45.12	61
杭州	58.57	6	南通	50.30	34	泸州	45.12	62
南京	58.39	7	常州	50.16	35	六安	45.03	63
南昌	57.71	8	绍兴	49.89	36	上饶	45.00	64
武汉	56.94	9	哈尔滨	49.76	37	盐城	44.89	65
苏州	56.29	10	兰州	49.56	38	鹰潭	44.81	66
厦门	55.57	11	芜湖	49.33	39	雅安	44.70	67
青岛	55.50	12	镇江	49.05	40	柳州	44.70	68
成都	55.46	13	南宁	48.43	41	湖州	44.55	69
大连	53.87	14	贵阳	48.38	42	石家庄	44.52	70
福州	53.83	15	烟台	48.34	43	九江	44.51	71
合肥	53.53	16	温州	48.05	44	大庆	44.42	72
重庆	53.09	17	泉州	47.88	45	延安	44.36	73
宁波	52.59	18	金华	47.66	46	桂林	44.31	74
长沙	52.48	19	新余	47.34	47	漳州	44.28	75
天津	52.33	20	吉安	47.32	48	本溪	44.28	76
郑州	52.31	21	肇庆	46.88	49	湘潭	44.20	77
东莞	52.29	22	银川	46.76	50	乌鲁木齐	44.17	78
沈阳	51.91	23	舟山	46.49	51	抚州	44.15	79
昆明	51.78	24	株洲	46.48	52	海口	44.13	80
中山	51.46	25	铜陵	46.44	53	岳阳	44.09	81
威海	51.32	26	连云港	46.34	54	汕头	44.02	82
无锡	51.30	27	秦皇岛	46.14	55	遂宁	44.01	83
西安	50.76	28	绵阳	45.93	56	丽水	43.98	84

续表

城市	指数	排名	城市	指数	排名	城市	指数	排名
黄山	43.79	85	湛江	42.38	113	衡阳	40.88	141
韶关	43.74	86	萍乡	42.37	114	南充	40.76	142
东营	43.67	87	淮北	42.26	115	鞍山	40.71	143
佳木斯	43.53	88	玉溪	42.25	116	安康	40.71	144
宜昌	43.52	89	益阳	42.21	117	吉林	40.68	145
包头	43.49	90	黄石	42.09	118	北海	40.68	146
日照	43.41	91	汉中	42.08	119	辽阳	40.60	147
滁州	43.38	92	枣庄	42.04	120	宿迁	40.59	148
河源	43.34	93	江门	42.02	121	十堰	40.57	149
大同	43.33	94	广安	41.88	122	黄冈	40.50	150
三亚	43.31	95	淮安	41.82	123	内江	40.50	151
淮南	43.30	96	徐州	41.81	124	阳江	40.46	152
莱芜	43.19	97	廊坊	41.77	125	天水	40.45	153
咸宁	43.14	98	宣城	41.75	126	通化	40.37	154
常德	43.09	99	拉萨	41.70	127	钦州	40.33	155
乐山	43.07	100	景德镇	41.69	128	玉林	40.29	156
嘉兴	43.01	101	三明	41.68	129	茂名	40.27	157
扬州	42.99	102	龙岩	41.66	130	丹东	40.24	158
蚌埠	42.97	103	克拉玛依	41.63	131	平顶山	40.16	159
济宁	42.97	104	荆州	41.60	132	淄博	40.16	160
宝鸡	42.92	105	咸阳	41.49	133	赣州	40.11	161
南平	42.90	106	梅州	41.47	134	鄂尔多斯	39.97	162
德州	42.76	107	盘锦	41.37	135	梧州	39.97	163
宜宾	42.74	108	泰州	41.35	136	攀枝花	39.80	164
宜春	42.55	109	郴州	41.28	137	牡丹江	39.78	165
洛阳	42.54	110	辽源	41.07	138	临沂	39.76	166
襄阳	42.49	111	池州	41.05	139	永州	39.55	167
潍坊	42.39	112	营口	41.00	140	马鞍山	39.52	168

续表

城市	指数	排名	城市	指数	排名	城市	指数	排名
遵义	39.51	169	眉山	38.11	197	绥化	36.64	225
云浮	39.48	170	邵阳	38.10	198	葫芦岛	36.61	226
汕尾	39.46	171	丽江	38.09	199	新乡	36.55	227
安庆	39.42	172	抚顺	38.01	200	菏泽	36.53	228
自贡	39.41	173	白银	37.86	201	临沧	36.47	229
张家界	39.37	174	锦州	37.82	202	忻州	36.46	230
德阳	39.36	175	阜阳	37.79	203	贵港	36.40	231
宁德	39.34	176	张家口	37.64	204	滨州	36.38	232
安顺	39.31	177	中卫	37.62	205	贺州	36.15	233
白山	39.30	178	阳泉	37.49	206	呼伦贝尔	36.07	234
石嘴山	39.30	179	长治	37.48	207	开封	36.04	235
晋中	39.25	180	巴中	37.47	208	金昌	35.94	236
鄂州	39.16	181	吴忠	37.43	209	许昌	35.93	237
承德	39.07	182	平凉	37.39	210	商洛	35.93	238
邯郸	39.04	183	保山	37.34	211	铁岭	35.91	239
保定	39.01	184	乌海	37.28	212	聊城	35.67	240
广元	38.97	185	随州	37.27	213	南阳	35.67	241
张掖	38.88	186	孝感	37.23	214	普洱	35.64	242
西宁	38.87	187	朔州	37.17	215	鹤壁	35.63	243
晋城	38.80	188	双鸭山	37.13	216	怀化	35.55	244
唐山	38.77	189	三门峡	37.07	217	崇左	35.55	245
渭南	38.72	190	防城港	37.05	218	伊春	35.47	246
赤峰	38.33	191	铜川	37.01	219	来宾	35.44	247
乌兰察布	38.33	192	六盘水	36.91	220	榆林	35.38	248
宿州	38.32	193	衡水	36.91	221	松原	35.36	249
潮州	38.26	194	七台河	36.91	222	酒泉	35.31	250
阜新	38.22	195	齐齐哈尔	36.88	223	荆门	35.00	251
揭阳	38.17	196	清远	36.73	224	娄底	34.97	252

续表

城市	指数	排名	城市	指数	排名	城市	指数	排名
漯河	34.96	253	濮阳	34.06	265	百色	32.35	277
通辽	34.96	254	昭通	33.95	266	运城	32.20	278
驻马店	34.90	255	商丘	33.65	267	焦作	32.17	279
吕梁	34.88	256	安阳	33.63	268	白城	31.94	280
亳州	34.70	257	武威	33.45	269	朝阳	31.49	281
临汾	34.58	258	鸡西	33.41	270	定西	30.31	282
资阳	34.41	259	沧州	33.22	271	嘉峪关	30.25	283
信阳	34.37	260	四平	33.19	272	邢台	29.57	284
鹤岗	34.35	261	黑河	33.12	273	陇南	29.47	285
固原	34.34	262	达州	33.10	274	庆阳	29.00	286
巴彦淖尔	34.14	263	曲靖	32.39	275			
河池	34.13	264	周口	32.36	276			

资料来源：课题组整理。

根据绿色智慧城市发展排行榜（2019），在全国286个地级及以上城市中，排名前十的城市依次为北京、深圳、上海、广州、珠海、杭州、南京、南昌、武汉和苏州。从地理空间分布上来看，前10名中共有8个城市位于中国四大板块的东部地区，仅南昌和武汉位于中部地区，并且排名分别为第8位、第9位，位次相对靠后。前10名城市人口规模大，且经济发展水平较高，在绿色智慧城市建设方面也遥遥领先于全国平均水平。绿色智慧城市建设排行榜中后10名的城市分别是百色、运城、焦作、白城、朝阳、定西、嘉峪关、邢台、陇南和庆阳。后10名城市在中国四大板块中均有分布，仅邢台位于东部地区，其余9个城市中有2个城市位于中部地区，2个城市位于东北地区，5个城市位于西部地区。从总体空间格局来看，中国绿色智慧城市建设水平仍然呈现东高西低、省会城市和沿海沿江城市较高的态势，与2018年绿色智慧城市建设基本格局保持一致。

与2018年中国地级及以上城市绿色智慧城市发展排行榜相比，"北上广深"依旧牢牢占据排行榜前4位。但前两名城市的位次出现了调整，北京由第2位上升为第1位，深圳由第1位下降到第2位，而上海与广州的位次没有发生变化。虽然北京和深圳的位次出现了调换，但从绿色智慧城市建设总得分上来看，北京和深圳的得分相差甚微，可以说总体水平不相上下。根据绿色智慧城市的内涵，绿色智慧城市建设涉及绿色城市建设、智慧城市建设与人文城市建设三个领域，2019年北京在智慧城市、人文城市这两个领域的表现优于深圳，进步明显，而深圳市则在绿色城市建设方面明显优于北京。"北上广深"4个城市占据了各分领域的首位，其中绿色城市建设排名第1位的城市为深圳，智慧城市建设排名第1位的城市是北京，人文城市建设排名第1位的城市是上海。

全国地级及以上城市的绿色智慧城市的得分与位序近似Zipf的分布规律，得分的对数值与其位序的拟合优度达到了 91.89%，具体见图 4-1。与 2018 年相比，拟合优度提高了接近 6 个百分点。从图中及拟合优度值可以看出，尽管部分排名较靠前与靠后的城市与拟合值有一定程度的偏离，但整体的拟合程度较好，相对来说前 10 名的城市的实际得分与拟合值偏离的程度更大，远远高于拟合值，意味着前 10 名的城市在绿色智慧城市建设方面在全国范围内遥遥领先。

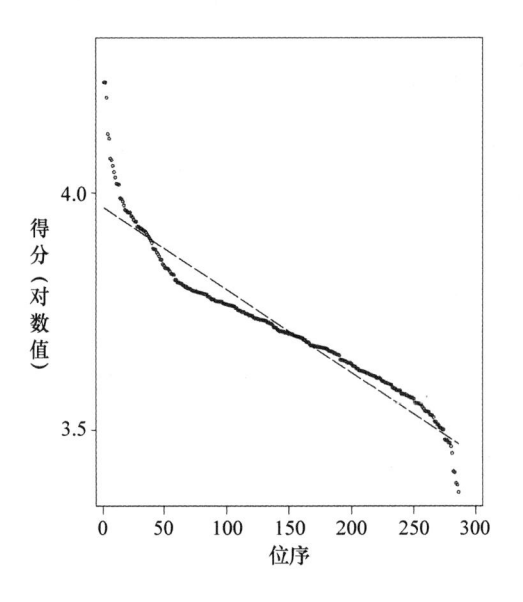

图 4-1 中国地级及以上城市绿色智慧城市的得分—位序分布（2019）
资料来源：课题组绘制。

从绿色智慧城市评价指标体系中细分领域的得分来看，智慧城市与人文城市建设得分排名与城市的总得分排名相差较小，换句话说，这两个领域的排名基本体现了总排名情况，但在绿色城市建设的指标上，其得分排名与总得分排名表现不一致，甚至相差很大，具体表现为：总得分前10名城市中仅有3个城市的绿色城市得分排名位于前20名，其余7个城市的绿色城市得分排名均在100名以外，并没有起到引领全国的示范作用，拉低了总得分水平。排名后20位的城市中，嘉峪关分领域发展水平不平衡，其人文城市建设表现突出，在全国中排名第49位，但由于其绿色城市和智慧城市建设方面得分较低，在全国排名几乎处于垫底的水平，因此拉低了其在总体排名的位置。类似的城市还有黑河，其绿色城市建设在全国排名第41位，而智慧城市和人文城市建设水平较低，使得其在全国只排到第273位。整体来看，后20位中其余城市在绿色智慧城市建设分领域的表现相差较小，三个子领域均具有较大的提升空间。

图4-2展示了全国四大板块的绿色智慧城市建设得分的平均分。从全国的四大板块格局来看，东部地区的平均得分最高，为45.61分，得分由高到低分别是东部地区、中部地区、东北地区和西部地区。对比四大板块，东部地区依旧远远高于全国平均得分，而中部地区、东北地区和西部地区的得分低于全国平均水平，这与2018年保持一致。相比之下，与2018年相比发生明显变化的是，东北地区从四大板块中平均得分最低的位置上升为2019年的第3位，以微弱优势超过西部地区

得分，在绿色智慧城市建设方面提升成效显著。

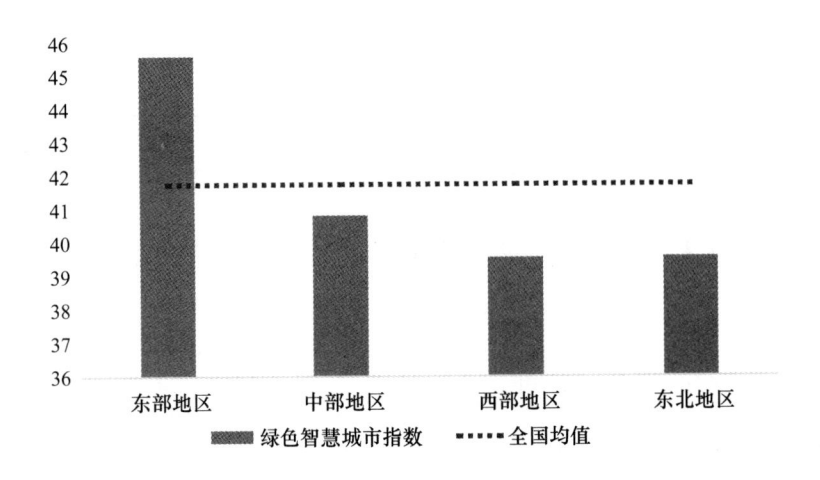

图4-2　中国四大板块绿色智慧城市建设得分（2019）

资料来源：课题组绘制。

图4-3为全国36个重点城市的绿色智慧城市建设得分情况。这36个重点城市从全国范围来看在绿色

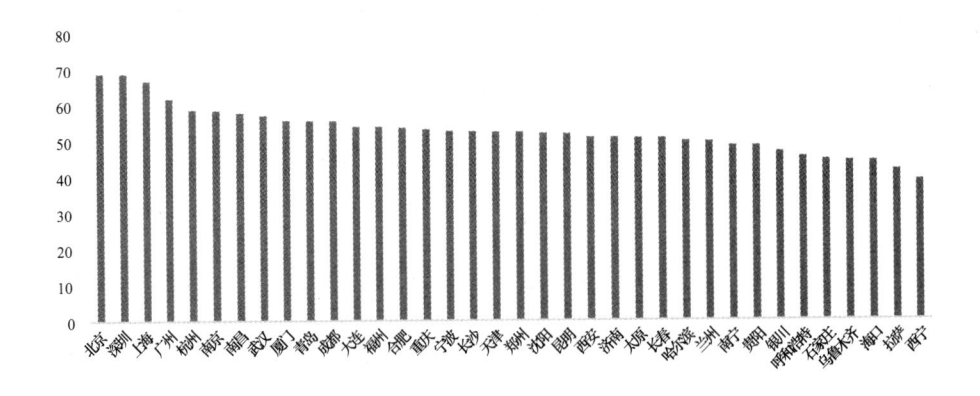

图4-3　中国36个重点城市绿色智慧城市建设得分（2019）

资料来源：课题组绘制。

智慧城市建设方面也表现良好。在下文中绿色智慧城市建设等级分类中，36个重点城市中有19个城市属于第一类国家典型示范城市，有11个城市属于第二类区域示范城市，有4个城市属于第三类地方先进城市，有2个城市属于第四类地方一般城市。80%以上的全国重点城市在全国和区域范围内起到了绿色智慧城市建设的典型示范作用。

全国范围来看，各个城市的绿色智慧城市建设情况差距显著。本报告根据自然断裂点方法，将全国286个地级及以上城市划分为五个类别，所有城市的总得分经过计算得出自然断裂点是52、46、42、37。绿色智慧城市建设水平的五个等级分别是国家典型示范城市、区域性示范城市、地方先进城市、地方一般城市和地方薄弱城市，以反映全国各个城市在绿色智慧城市建设方面所处的水平。

以下将具体分析各类城市在绿色智慧城市建设中的情况。

（1）第一类城市：国家典型示范城市（得分52分以上）

排名前22名的城市被认为是第一类国家典型示范城市。这22个城市中有19个城市属于全国36个重点城市，其中珠海、苏州、东莞尽管不属于全国36个重点城市，但在绿色智慧城市建设方面表现突出，尤其是珠海与苏州均位列全国前十名。在空间分布上，国家典型示范城市以东部地区城市为主，14个城市位于东部地区，超过第一类城市数量的一半，且排名较为靠前，前7名城市均位于东部地区。其余8个城市中有5个位于中部地区，东北地区的城市仅有大连，成都和重庆这2个城市位于西部地区。国家示范城市在空间上的分布与全国四大板块的空间分布规律保持一致。同上年相比，国家典型示范城市的数量从12个上升至22个，在一定程度上意味着高水平绿色智慧城市建设取得了明显的进展，但也侧面反映出建设程度城市间差距拉大。

从具体得分上来看，最高分为北京的68.77，与第2名深圳68.75相比，两个城市总体水平不相上下，第3名上海66.6分仅与北京和深圳相差约2分。虽然上海在人文城市和智慧城市建设方面分别排在全国第1名和第2名，但其绿色城市建设仅在全国排到第196位，这也为上海的绿色城市建设敲响了警钟。高于60分的城市全国仅有5个，分别为北京、深圳、上海、广州和珠海。与目标值100相比，国家典型示范城市的得分仍然较低，具有较大的发展潜力。

从分领域来看，这类城市在智慧城市与人文城市普遍得分较高且代表了全国的最高水平，但在绿色智慧城市的建设上不足一半的城市排名在全国前100名，其余城市的排名不仅在 100 名以外,甚至在 200 名之后,表现出分领域建设的极大不平衡,尤其是绿色城市建设领域。

(2) 第二类城市:区域性示范城市(得分 46—52 分)

全国共有 33 个城市属于绿色智慧城市建设的区域示范城市,具体排位上是排名位于第 23 位至第 55 位的城市,其中有 11 个城市属于全国 36 个重点城市。在部分区域范围内处于领跑水平。从空间分布上来看,仍然以东部地区的城市为主,但相比国家典型示范城市,区域性示范城市中其他三大板块的城市所占比例明显上升。但东北地区仅有 3 个区域性示范城市。同上年相比,2018 年兰州还处于绿色智慧城市中欠发展城市,2019 年从第 127 位上升至第 38 位。从分领域得分排名来看,其在绿色城市、智慧城市和人文城市建设方面在全国的排名都有提升,其中绿色城市和智慧城市建设领域排名上升显著,从上年的第 282 位和第 75 位上升至 2019 年的第 207 位和第 38 位。

全国共计 55 个城市属于国家和区域性的示范城市。这两类城市普遍存在的问题是绿色城市与智慧、人文城市领域发展不平衡,与经济发展兼顾生态保护的可持续发展目标仍有较大距离。

(3) 第三类城市:地方先进城市(得分 42—46 分)

第三类地方先进城市共有 66 个城市,排名位于排行榜第56位至第121位,这类城市基本反映了全国绿色智慧城市的平均水平,并在地方处于先进地位。从空间分布上来看,其中有26个城市位于东部地区,22个城市位于中部地区,3个城市位于东北地区,15个城市位于西部地区。相比前两类国家和区域性示范城市,地方先进城市在绿色城市、智慧城市和人文城市的建设方面更加平衡。相比2018年,地方先进城市的数量有所减少,更多的城市发展成为区域性的示范城市。随着绿色智慧城市发展理念的广泛传播与推广实践,越来越多的城市取得了不俗的成绩。

(4) 第四类城市:地方一般城市(得分37—42分)

第四类地方一般城市在绿色智慧城市总排名中为第122位至第219位,共计98个城市。这也是五类城市中数量最多的类别,全国超过34%的城市属于地方一般城市。此类城市之间的分数差距较小。从空间分布上来看,其中有22个城市位于东部地区,26个城市位于中部地区,14个城市位于东北地区,36个城市位于西部地区。同2018年相比,地方一般城市的空间分布格局基本保持不变,仍以中西部地区为主。总体来看,地方一般城市具有较大的提升空间,如政策实行得当,能够有较大的可能上升成为地方先进城市。在第四类城市中,属于全国重点城市的城市有2个,分别是拉萨和西宁。

(5) 第五类城市：地方薄弱城市（得分37分以下）

地方薄弱城市为总排名第221位至第286位的城市，全国共有67个城市属于绿色智慧城市建设中的地方薄弱城市。其中最低分为庆阳的29分。从空间分布上来看，地方薄弱城市中只有7个城市位于东部地区，有26个城市位于西部地区。这类城市普遍在绿色城市、智慧城市和人文城市建设方面都处于较落后的地位。定西、嘉峪关、陇南三个市连续两年均排在全国后10名，没有明显的提升，急需在智慧城市建设上付出更多的精力。这类城市的绿色智慧城市建设水平在全国范围内表现较差，与前四类城市相比差距显著。限制这类城市建设绿色智慧城市的原因主要在于经济基础薄弱，地理区位处于劣势，人才较少，在思想理念与改革中较为滞后，在绿色智慧城市建设上面临艰巨任务。

（二）绿色智慧城市分指数排行榜

报告进一步从绿色城市、智慧城市、人文城市三个分指数深度分析绿色智慧城市不同维度的表现情况，以便于不同城市找准自身的优势和劣势，为未来绿色智慧城市建设提供参考。同时，报告通过不同区域的均值得分来分析东部地区、中部地区、西部地区和东北地区四大区域的整体情况及差异,并将全国36个重点城市的得分情况进行详细的剖析。

1. 绿色城市排行榜

从整体的趋势可以看出,城市区位条件和经济发展的差异与绿色城市的建设紧密相关(表4-2)。第一,绿色城市的得分整体较高,最高分是深圳,所有城市平均分57.91,说明全国绿色城市建设成效明显。第二,东部沿海地区城市的绿色城市指数排名相对靠前,在排名前35的城市中,东部城市占22个,其得分都在72分以上,且前十的城市中东部占7个。第三,南方和北方城市间绿色城市指数表现出较为明显的差异。在排名靠前的城市中,南方城市较多,而在排名靠后的城市中,北方的城市占多数,排名倒数的40个城市中,除了南方的重庆市和曲靖市,剩下的38个城市均为北方城市,其中包括11个东部城市,且全部为北方城市。

进一步对排名前10的城市进行分析。排名前10的城市中,除了中部的景德镇、西部的丽江和拉萨,剩下的全部为东部城市。沿海的城市具备优良的气候条件,同时经济发展水平也相对较高,绿色城市建设走在全国前列;景德镇近年来持续加大环境保护力度,当地生态环境局举行新闻发布会表示,2019年上半年水质优良率达100%；有"长江经济带上的绿色明珠"和"中国生态第一市"之称的丽江生态建设保持稳定。拉萨尽管产业发展相对滞后，但其生态本底好，保护到位。中科院等部门监测表明，2018年西藏仍然是世界上生态环境质量最好的地区之一。

表4-2　　全国地级及以上城市绿色城市排行榜（2019）

城市	指数	排名	城市	指数	排名	城市	指数	排名
深圳	100.00	1	云浮	73.60	21	黑河	71.09	41
景德镇	87.58	2	泉州	73.48	22	巴中	70.80	42
海口	81.71	3	普洱	73.41	23	南平	70.69	43
丽江	81.05	4	湛江	73.37	24	南宁	70.04	44
三亚	80.95	5	舟山	73.34	25	泸州	69.99	45
威海	78.33	6	黄山	73.26	26	阳江	69.93	46
厦门	78.31	7	丽水	73.18	27	临沧	69.87	47
梅州	78.16	8	龙岩	73.09	28	汕尾	69.86	48
台州	77.76	9	汕头	73.07	29	梧州	69.52	49
拉萨	76.34	10	鹰潭	73.04	30	揭阳	69.51	50
珠海	76.12	11	宁波	72.94	31	玉林	69.46	51
莆田	75.45	12	抚州	72.81	32	上饶	69.32	52
福州	75.02	13	漳州	72.71	33	广元	68.88	53
河源	74.99	14	三明	72.70	34	咸宁	68.26	54
大连	74.82	15	北海	72.21	35	保山	68.22	55
大庆	74.59	16	贵阳	71.52	36	合肥	68.18	56
宁德	74.54	17	松原	71.42	37	呼伦贝尔	68.18	57
张家界	73.91	18	佳木斯	71.14	38	金华	68.13	58
南昌	73.83	19	本溪	71.11	39	丹东	68.13	59
吉安	73.69	20	新余	71.09	40	贺州	68.12	60

续表

城市	指数	排名	城市	指数	排名	城市	指数	排名
安庆	67.90	61	湘潭	64.87	89	赤峰	62.27	117
衢州	67.86	62	益阳	64.86	90	十堰	62.26	118
钦州	67.78	63	青岛	64.68	91	承德	62.04	119
七台河	67.44	64	遵义	64.65	92	赣州	61.92	120
辽源	67.35	65	天水	64.64	93	鸡西	61.76	121
烟台	67.34	66	萍乡	64.59	94	玉溪	61.64	122
茂名	67.31	67	怀化	64.54	95	泰安	61.51	123
南充	67.27	68	宣城	64.28	96	平凉	61.37	124
铜陵	67.14	69	眉山	64.20	97	雅安	61.27	125
安康	67.04	70	牡丹江	64.17	98	广州	61.20	126
常德	66.82	71	娄底	64.16	99	蚌埠	61.14	127
长春	66.51	72	双鸭山	64.02	100	江门	61.14	128
株洲	66.43	73	辽阳	63.98	101	芜湖	61.06	129
韶关	66.27	74	嘉兴	63.96	102	中山	60.80	130
昆明	65.90	75	六安	63.91	103	贵港	60.49	131
防城港	65.86	76	九江	63.91	104	日照	60.44	132
桂林	65.76	77	柳州	63.84	105	抚顺	60.43	133
随州	65.72	78	岳阳	63.69	106	张掖	60.15	134
广安	65.72	79	绍兴	63.30	107	资阳	60.11	135
长沙	65.68	80	马鞍山	63.19	108	宜春	60.11	136
南通	65.48	81	苏州	63.13	109	南京	60.06	137
盘锦	65.47	82	鹤岗	63.04	110	张家口	59.76	138
克拉玛依	65.40	83	郴州	62.84	111	衡阳	59.71	139
温州	65.35	84	肇庆	62.83	112	延安	59.70	140
池州	65.30	85	杭州	62.57	113	孝感	59.61	141
崇左	65.25	86	遂宁	62.51	114	佛山	59.54	142
惠州	65.24	87	银川	62.38	115	鄂尔多斯	59.49	143
通化	65.16	88	邵阳	62.30	116	百色	59.20	144

续表

城市	指数	排名	城市	指数	排名	城市	指数	排名
连云港	59.17	145	宜宾	56.15	173	通辽	52.15	201
黄冈	59.01	146	廊坊	55.60	174	巴彦淖尔	52.14	202
德阳	59.00	147	淮南	55.58	175	镇江	51.77	203
荆州	58.94	148	攀枝花	55.55	176	济宁	51.68	204
内江	58.80	149	宝鸡	54.86	177	白银	50.97	205
鄂州	58.75	150	常州	54.77	178	六盘水	50.87	206
无锡	58.67	151	驻马店	54.55	179	兰州	50.65	207
沈阳	58.42	152	酒泉	54.30	180	滨州	50.54	208
潮州	58.33	153	宿州	54.22	181	达州	50.47	209
黄石	58.28	154	衡水	54.11	182	郑州	50.46	210
来宾	58.14	155	鹤壁	54.10	183	泰州	50.39	211
哈尔滨	58.13	156	乐山	54.04	184	成都	50.23	212
汉中	57.98	157	大同	53.98	185	忻州	50.22	213
湖州	57.67	158	包头	53.92	186	漯河	50.19	214
秦皇岛	57.55	159	自贡	53.81	187	齐齐哈尔	50.09	215
安顺	57.53	160	荆门	53.47	188	吉林	49.94	216
商洛	57.24	161	昭通	53.43	189	信阳	49.78	217
盐城	57.18	162	扬州	53.27	190	定西	49.66	218
永州	57.10	163	乌兰察布	53.25	191	伊春	49.63	219
白山	57.02	164	商丘	53.22	192	朔州	49.45	220
阜新	57.00	165	济南	53.17	193	襄阳	49.44	221
滁州	56.79	166	淮安	53.15	194	许昌	49.18	222
鞍山	56.74	167	固原	53.07	195	朝阳	49.11	223
呼和浩特	56.64	168	上海	52.89	196	聊城	48.78	224
北京	56.63	169	宜昌	52.75	197	铜川	48.75	225
绵阳	56.41	170	绥化	52.63	198	亳州	48.68	226
铁岭	56.28	171	阜阳	52.54	199	葫芦岛	48.21	227
河池	56.26	172	武汉	52.29	200	莱芜	48.19	228

续表

城市	指数	排名	城市	指数	排名	城市	指数	排名
淮北	48.13	229	淄博	44.53	249	邯郸	37.69	269
新乡	48.11	230	榆林	44.24	250	金昌	36.16	270
德州	47.96	231	武威	44.10	251	宿迁	35.69	271
平顶山	47.82	232	潍坊	44.07	252	四平	35.11	272
西安	47.62	233	枣庄	43.77	253	保定	35.00	273
南阳	47.61	234	庆阳	43.22	254	渭南	34.74	274
营口	47.59	235	晋中	42.92	255	天津	34.30	275
菏泽	47.27	236	洛阳	41.99	256	运城	31.58	276
沧州	47.02	237	开封	41.75	257	长治	31.00	277
吴忠	46.96	238	太原	41.52	258	临汾	30.21	278
濮阳	46.77	239	三门峡	41.33	259	石嘴山	29.05	279
东营	46.36	240	曲靖	41.22	260	唐山	28.47	280
锦州	46.09	241	重庆	41.11	261	白城	27.55	281
东莞	45.86	242	咸阳	41.09	262	乌海	24.00	282
乌鲁木齐	45.34	243	邢台	40.96	263	阳泉	23.84	283
临沂	45.25	244	安阳	40.30	264	徐州	23.06	284
周口	45.21	245	吕梁	40.07	265	焦作	21.90	285
清远	45.07	246	陇南	39.82	266	嘉峪关	1.00	286
晋城	44.71	247	石家庄	39.41	267			
西宁	44.64	248	中卫	39.19	268			

资料来源：课题组整理。

对全国四个区域绿色城市指数的总体情况进行分析。全国的总体均值为57.91，东部地区和东北地区位于平均值之上，得分分别为60.2和59.0，中部和西部地区得分较低，尤其是中部地区（图4-4）。东部和东北部地区的绿色城市建设水平在全国较为靠前，西部和中部较为落后。尽管全国绿色智慧城市建设取得一定成效，但是区域差异较为明显，中部在努力发展经济的同时应注意绿色城市建设，权衡好经济发展和环境保护之间的利害关系。

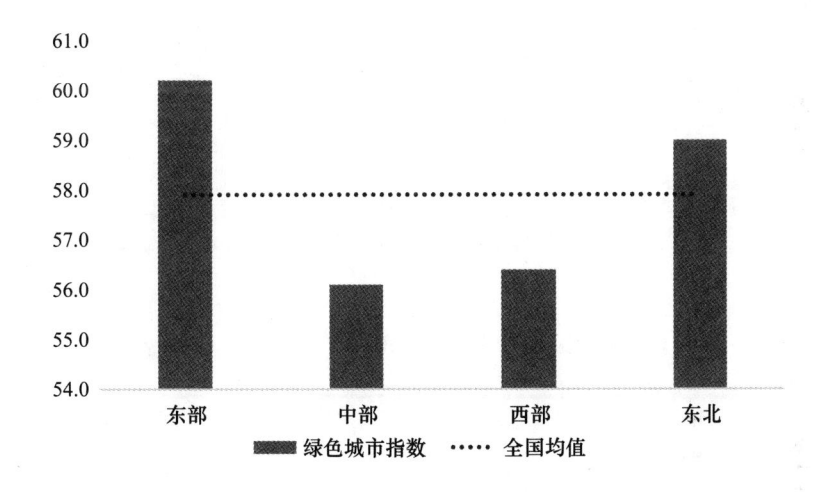

图 4-4 全国分区域城市绿色城市指数总体情况（2019）
资料来源：课题组绘制。

本报告将全国 36 个重点城市单列出来进行深入分析。对重点城市绿色城市指数进行降序排列，除了排名第 1 位的深圳外，其他城市得分变化呈现出较为平缓的趋势，表明深圳绿色城市建设成效显著（图 4-5）。第 1 名的深圳较第 2 名海口高出 18.29 分，后面 29 个城市的总体变化分数为 44.01。在区域的分布上，南北差异明显。前 10 名的城市中除了拉萨和大连，其他城市均为南方城市；后 10 名的城市中除了重庆均为北方城市。

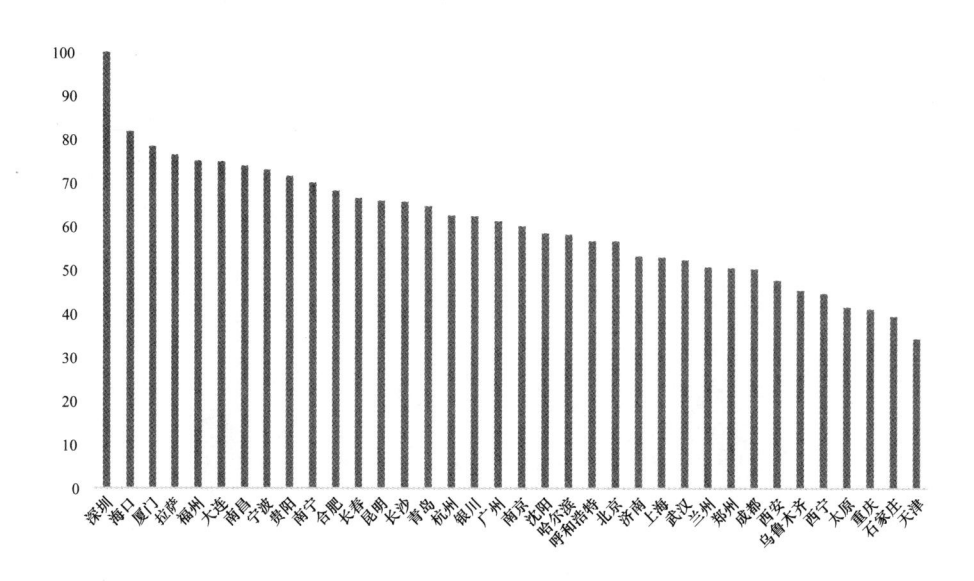

图 4-5 全国 36 个重点城市的城市绿色指数（2019）

资料来源：课题组绘制。

2. 智慧城市排行榜

从指数得分来看，全国智慧城市建设水平整体偏弱，且城市间差异明显。全国智慧城市得分均值为 36.45，与绿色城市得分均值 57.91 相差甚远。得分最高的为北京，最低的为鸡西。（表 4-3）

从城市的具体分布来看，得分较高的城市多分布在东部三大城市群和省会城市。排名前 30 的城市中，有 22 个为东部城市，武汉、南昌、郑州、合肥、太原这 5 个城市为中部城市，成都、重庆、昆明市这 3 个城市为西部城市，且中西部的城市均为省会城市。从空间分布来看，东中西差异明显。排名后40的城市多为中西部城市，只有邢台一个东部城市。智慧城市的提出很大意义上是用来解决城市发展到一定程度所表现出来的"城市病"，反过来看，只有城市具备一定的规模，城市经济发展达到一定的程度，进行智慧城市建设才更有意义和价值。同时，智慧城市依托于先进的信息技术，清华大学公共管理学院书记、副院长孟庆国教授提出，新一代信息技术与创新2.0是智慧城市的两大基因，缺一不可。省会城市和三大城市群智慧城市建设走在全国前列，正是这些城市努力解决城市发展问题的表现。

表4-3　　全国地级及以上城市智慧城市排行榜（2019）

城市	指数	排名	城市	指数	排名	城市	指数	排名
北京	100.00	1	苏州	73.40	13	宁波	65.09	25
上海	88.47	2	南昌	72.84	14	合肥	64.60	26
广州	87.50	3	佛山	70.22	15	绍兴	64.23	27
深圳	86.61	4	天津	69.98	16	南通	64.13	28
珠海	84.28	5	福州	69.15	17	太原	63.96	29
成都	77.75	6	常州	69.12	18	昆明	62.72	30
杭州	75.82	7	东莞	68.26	19	金华	62.53	31
重庆	74.12	8	莆田	68.07	20	温州	61.42	32
南京	73.77	9	镇江	67.95	21	大连	61.07	33
中山	73.77	10	郑州	67.88	22	沈阳	60.82	34
青岛	73.75	11	无锡	66.38	23	长沙	59.52	35
武汉	73.41	12	厦门	65.69	24	芜湖	59.26	36

续表

城市	指数	排名	城市	指数	排名	城市	指数	排名
哈尔滨	58.54	37	岳阳	48.05	65	泸州	44.14	93
兰州	57.60	38	新余	47.73	66	台州	44.07	94
连云港	56.44	39	烟台	47.35	67	玉溪	44.03	95
西安	56.24	40	枣庄	47.26	68	乌鲁木齐	44.01	96
徐州	56.06	41	莱芜	47.22	69	佳木斯	43.76	97
肇庆	56.05	42	廊坊	47.21	70	阳泉	43.69	98
威海	55.11	43	南宁	47.13	71	石嘴山	43.65	99
延安	54.95	44	襄阳	46.78	72	秦皇岛	43.31	100
绵阳	54.40	45	宝鸡	46.68	73	柳州	43.13	101
吉安	53.69	46	汉中	46.65	74	鹰潭	43.02	102
长春	52.94	47	宜宾	46.12	75	惠州	42.94	103
济南	52.93	48	淮南	45.99	76	河源	42.93	104
泉州	52.11	49	雅安	45.79	77	韶关	42.23	105
石家庄	51.92	50	九江	45.66	78	唐山	42.10	106
六安	51.82	51	保定	45.45	79	扬州	42.07	107
盐城	51.72	52	长治	45.12	80	邯郸	41.98	108
宿迁	51.70	53	渭南	44.97	81	呼和浩特	41.92	109
洛阳	51.67	54	银川	44.87	82	贵阳	41.59	110
株洲	51.06	55	宜昌	44.83	83	抚州	41.36	111
德州	50.50	56	晋城	44.80	84	丽水	41.20	112
铜陵	49.76	57	滁州	44.73	85	临沂	40.97	113
东营	49.57	58	济宁	44.50	86	漳州	40.69	114
潍坊	49.38	59	泰安	44.49	87	衢州	40.60	115
大同	48.59	60	嘉兴	44.48	88	益阳	40.55	116
宜春	48.49	61	遂宁	44.44	89	桂林	40.05	117
乐山	48.31	62	淮北	44.42	90	南平	39.60	118
咸阳	48.25	63	湖州	44.27	91	郴州	39.53	119
上饶	48.09	64	日照	44.19	92	包头	39.25	120

续表

城市	指数	排名	城市	指数	排名	城市	指数	排名
平顶山	39.08	121	吉林	33.33	149	阳江	28.17	177
汕头	38.63	122	永州	33.24	150	玉林	28.00	178
内江	38.02	123	龙岩	33.04	151	金昌	27.93	179
常德	37.98	124	安顺	32.88	152	钦州	27.84	180
营口	37.69	125	西宁	32.43	153	衡水	27.75	181
荆州	37.65	126	江门	32.23	154	鄂尔多斯	27.70	182
蚌埠	37.54	127	三门峡	32.21	155	南充	27.56	183
黄山	37.46	128	淄博	32.01	156	朔州	27.46	184
三明	37.46	129	遵义	31.92	157	榆林	27.32	185
淮安	37.39	130	池州	31.85	158	安庆	27.20	186
绥化	37.34	131	拉萨	31.28	159	盘锦	26.99	187
泰州	37.11	132	安康	31.17	160	沧州	26.94	188
临汾	37.01	133	鞍山	31.13	161	宿州	26.93	189
咸宁	37.01	134	通化	30.63	162	菏泽	26.77	190
宣城	36.76	135	白山	30.46	163	攀枝花	26.71	191
黄冈	36.40	136	白银	30.43	164	运城	26.69	192
大庆	36.35	137	自贡	30.34	165	阜阳	26.62	193
舟山	36.33	138	六盘水	30.07	166	云浮	26.34	194
乌海	36.19	139	克拉玛依	29.98	167	德阳	25.98	195
广安	35.54	140	衡阳	29.94	168	忻州	25.72	196
中卫	35.35	141	茂名	29.84	169	清远	25.61	197
萍乡	35.30	142	潮州	29.76	170	葫芦岛	25.58	198
吕梁	34.27	143	辽源	29.66	171	张掖	25.53	199
湘潭	34.24	144	本溪	29.42	172	新乡	25.27	200
天水	33.69	145	赣州	29.29	173	海口	25.19	201
晋中	33.64	146	吴忠	29.23	174	牡丹江	25.14	202
十堰	33.48	147	梅州	29.01	175	齐齐哈尔	25.09	203
黄石	33.44	148	湛江	29.00	176	乌兰察布	25.03	204

续表

城市	指数	排名	城市	指数	排名	城市	指数	排名
邵阳	24.33	205	达州	18.79	233	酒泉	14.83	261
揭阳	24.30	206	濮阳	18.77	234	漯河	14.48	262
承德	23.93	207	聊城	18.77	235	武威	14.41	263
辽阳	23.81	208	娄底	18.67	236	通辽	13.81	264
赤峰	23.38	209	马鞍山	18.59	237	防城港	12.94	265
汕尾	23.38	210	曲靖	18.48	238	伊春	12.50	266
铜川	23.28	211	随州	18.47	239	来宾	11.90	267
锦州	23.25	212	丹东	18.39	240	荆门	11.88	268
北海	23.22	213	孝感	18.33	241	固原	11.38	269
梧州	23.07	214	贵港	18.31	242	贺州	11.07	270
三亚	22.87	215	怀化	18.05	243	七台河	9.63	271
滨州	22.71	216	张家口	17.94	244	河池	9.35	272
宁德	22.52	217	保山	17.80	245	资阳	9.26	273
陇南	22.33	218	双鸭山	17.75	246	抚顺	8.95	274
南阳	22.11	219	昭通	17.73	247	巴彦淖尔	6.99	275
平凉	22.03	220	信阳	17.56	248	呼伦贝尔	6.72	276
眉山	21.54	221	临沧	17.56	249	朝阳	6.36	277
鄂州	21.42	222	焦作	17.52	250	崇左	5.52	278
开封	21.00	223	巴中	17.39	251	定西	5.29	279
白城	20.87	224	丽江	16.69	252	松原	4.80	280
广元	20.68	225	周口	16.41	253	邢台	4.51	281
四平	20.67	226	普洱	16.26	254	庆阳	3.93	282
商洛	20.65	227	驻马店	16.24	255	鹤岗	2.44	283
许昌	20.20	228	铁岭	16.14	256	黑河	1.84	284
亳州	19.56	229	鹤壁	15.87	257	百色	1.59	285
张家界	19.51	230	商丘	15.81	258	鸡西	1.00	286
安阳	19.26	231	景德镇	15.80	259			
阜新	18.87	232	嘉峪关	15.20	260			

资料来源：课题组整理。

对全国四个区域智慧城市指数的总体情况进行分析。从空间分布来看，东中西得分差异明显，呈阶梯状趋势（图4-6）。报告显示，全国的总体均值为36.45，只有东部地区平均得分在均值之上，为52.00，中部地区接近均值水平，为35.50，东北和西部地区得分较低，尤其是东北部地区，得分只有27.00。中国智慧城市建设时间较短，该概念最早在2008年由IBM提出，中国上海、南京等城市在2011年制订了相关规划。2012年11月，住建部颁布《国家智慧城市试点暂行管理办法》，智慧城市至此上升为国家层面方针政策。从指数得分来看，智慧城市建设在中国还处于探索和起步阶段，需要各个城市继续加大力度建设。

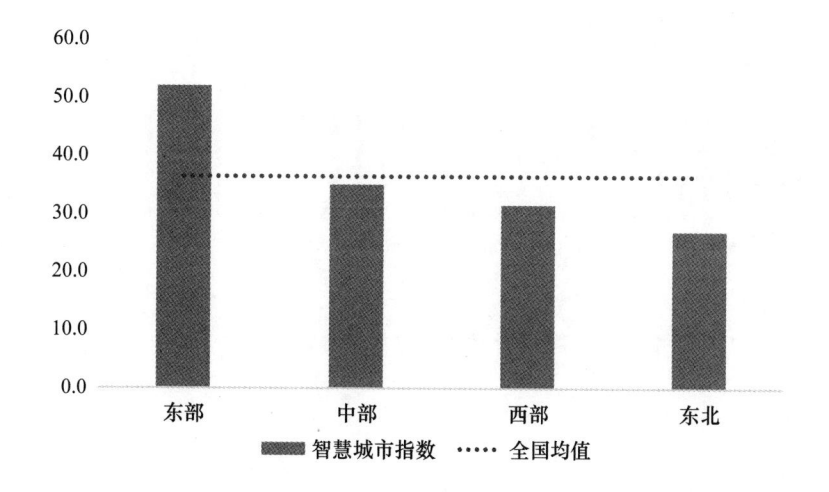

图4-6 全国分区域城市智慧城市指数总体情况 （2019）

资料来源：课题组绘制。

本报告进一步着重分析36个重点城市。整体上重点城市的智慧城市指数得分相对较高，除了倒数的三个城市外，其他城市得分均在均值水平之上。从排序的趋势，本报告大体把重点城市分为三个梯度，"北上广深"4个城市的分值较高，在80分以上，归于第一梯度（图4-7）。成都到贵阳，分数处于40—80分区间，智慧城市建设相对较好。西宁到海口，分数低于均值，智慧城市建设相对较差。

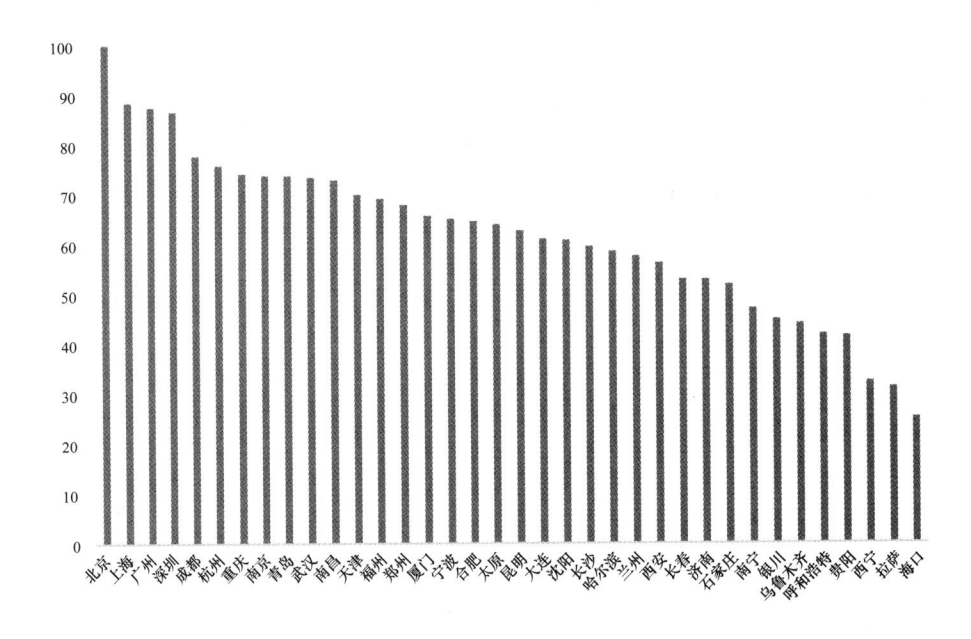

图4-7 全国36个重点城市的城市智慧指数（2019）

资料来源：课题组绘制。

3. 人文城市排行榜

从指数得分来看，与智慧城市建设相似，全国人文城市建设水平低，城市差异明显。全国人文城市得分均值仅为 32.17，与绿色城市得分均值 57.91 相差甚远。得分最高的为上海，最低的为陇南（表 4-4）。

从分布特征来看，东部城市的人文城市指数依然排名靠前，但中西部城市排名相对有所提升，在前 30 名城市中，中西部和东北部城市有 16 个，占比达 53%。和绿色城市指标相比，人文城市指数得分南北差异并不明显，在排名前 30 名城市中，北方的城市有 13 个。本报告显示，人文城市指数受城市历史文化等因素的影响较大，具有深厚底蕴的省会城市表现较好，如排名前 10 的北京、南京、武汉、西安等；同时，改革开放以来经济发展走在全国前列的城市人文城市建设也较好，如排名前 10 的上海、广州、深圳等指数表现较为突出。

表 4-4　　全国地级及以上城市人文城市排行榜（2019）

城市	指数	排名	城市	指数	排名	城市	指数	排名
上海	100.00	1	西安	61.74	10	沈阳	54.89	19
北京	95.75	2	济南	61.21	11	青岛	54.18	20
深圳	79.13	3	成都	59.93	12	长沙	53.82	21
广州	71.64	4	苏州	59.37	13	厦门	53.30	22
南京	71.13	5	南昌	59.19	14	大连	52.47	23
武汉	70.07	6	重庆	58.83	15	兰州	52.46	24
杭州	68.09	7	东莞	57.79	16	合肥	51.82	25
天津	64.27	8	太原	57.18	17	长春	51.07	26
珠海	61.79	9	郑州	55.04	18	贵阳	48.86	27

续表

城市	指数	排名	城市	指数	排名	城市	指数	排名
哈尔滨	47.18	28	新余	37.82	56	绵阳	34.47	84
昆明	47.03	29	中山	37.63	57	阜新	34.23	85
秦皇岛	46.18	30	三亚	37.53	58	铜陵	34.18	86
无锡	46.03	31	湖州	37.51	59	泉州	34.15	87
烟台	45.59	32	佛山	37.46	60	雅安	34.14	88
乌鲁木齐	44.65	33	黄石	36.62	61	济宁	33.95	89
呼和浩特	44.49	34	丹东	36.56	62	晋中	33.65	90
南宁	44.34	35	徐州	36.53	63	鞍山	33.55	91
银川	44.14	36	马鞍山	36.37	64	株洲	33.51	92
舟山	44.03	37	惠州	36.31	65	衡阳	33.49	93
威海	44.02	38	吉林	35.87	66	大庆	33.25	94
福州	43.71	39	东营	35.78	67	石嘴山	33.22	95
宁波	43.51	40	江门	35.56	68	淮北	33.16	96
芜湖	42.34	41	辽阳	35.52	69	克拉玛依	33.07	97
石家庄	42.26	42	宜昌	35.49	70	伊春	32.89	98
本溪	42.24	43	扬州	35.47	71	肇庆	32.77	99
湘潭	41.21	44	锦州	35.44	72	唐山	32.72	100
抚顺	41.14	45	桂林	35.08	73	景德镇	32.50	101
常州	40.46	46	柳州	35.08	74	连云港	32.35	102
衢州	40.42	47	乌海	34.92	75	开封	32.35	103
包头	40.34	48	盘锦	34.86	76	枣庄	32.21	104
嘉峪关	39.37	49	泰州	34.83	77	滁州	32.08	105
南通	38.83	50	淮安	34.82	78	湛江	32.02	106
淄博	38.57	51	鄂州	34.81	79	西宁	31.92	107
镇江	38.50	52	莱芜	34.62	80	盐城	31.73	108
海口	38.47	53	攀枝花	34.62	81	泸州	31.73	109
泰安	38.37	54	蚌埠	34.57	82	鄂尔多斯	31.66	110
绍兴	38.29	55	营口	34.51	83	萍乡	31.62	111

续表

城市	指数	排名	城市	指数	排名	城市	指数	排名
九江	31.50	112	崇左	29.57	140	聊城	27.95	168
潍坊	31.49	113	承德	29.49	141	邯郸	27.67	169
焦作	31.45	114	荆州	29.46	142	六安	27.61	170
遂宁	31.38	115	漳州	29.43	143	广元	27.57	171
淮南	31.25	116	梧州	29.42	144	上饶	27.53	172
洛阳	31.25	117	德州	29.33	145	许昌	27.44	173
温州	31.00	118	辽源	29.33	146	来宾	27.40	174
乌兰察布	30.98	119	鹰潭	29.27	147	钦州	27.38	175
咸宁	30.92	120	宝鸡	29.25	148	通辽	27.36	176
襄阳	30.87	121	赣州	28.93	149	宣城	27.34	177
德阳	30.87	122	平顶山	28.93	150	白山	27.31	178
北海	30.74	123	乐山	28.83	151	阜阳	27.25	179
常德	30.67	124	呼伦贝尔	28.78	152	岳阳	27.19	180
巴彦淖尔	30.54	125	荆门	28.65	153	张家界	27.17	181
张家口	30.48	126	鹤岗	28.64	154	丽水	27.12	182
咸阳	30.43	127	防城港	28.60	155	鹤壁	27.05	183
七台河	30.27	128	金昌	28.57	156	临沂	26.83	184
日照	30.22	129	清远	28.49	157	中卫	26.73	185
自贡	30.20	130	池州	28.40	158	吴忠	26.73	186
南充	30.11	131	宿州	28.27	159	铁岭	26.55	187
牡丹江	30.09	132	张掖	28.26	160	十堰	26.54	188
汕头	30.06	133	阳泉	28.25	161	鸡西	26.52	189
黄山	30.05	134	孝感	28.23	162	通化	26.52	190
台州	29.83	135	广安	28.21	163	酒泉	26.47	191
大同	29.82	136	漯河	28.05	164	汕尾	26.41	192
韶关	29.76	137	莆田	28.04	165	赤峰	26.39	193
吉安	29.70	138	宜宾	28.02	166	宿迁	26.38	194
铜川	29.66	139	抚州	28.00	167	固原	26.27	195

续表

城市	指数	排名	城市	指数	排名	城市	指数	排名
安康	26.26	196	安顺	24.50	224	潮州	22.16	252
齐齐哈尔	26.23	197	梅州	24.34	225	宜春	21.91	253
阳江	26.16	198	拉萨	24.33	226	濮阳	21.68	254
金华	26.06	199	邵阳	24.27	227	长治	21.68	255
滨州	26.02	200	延安	24.11	228	遵义	21.45	256
三门峡	25.89	201	天水	24.09	229	商洛	21.28	257
眉山	25.88	202	玉溪	24.03	230	河源	21.02	258
玉林	25.85	203	随州	24.02	231	榆林	20.85	259
新乡	25.84	204	内江	23.92	232	云浮	20.81	260
保定	25.82	205	平凉	23.92	233	衡水	20.79	261
葫芦岛	25.73	206	资阳	23.85	234	朝阳	20.70	262
朔州	25.60	207	四平	23.74	235	六盘水	20.66	263
嘉兴	25.56	208	佳木斯	23.73	236	三明	20.37	264
永州	25.55	209	安阳	23.69	237	揭阳	19.57	265
黄冈	25.48	210	贵港	23.68	238	邢台	19.16	266
南平	25.39	211	安庆	23.63	239	丽江	19.00	267
茂名	25.34	212	忻州	23.49	240	晋城	18.69	268
南阳	25.28	213	宁德	23.47	241	商丘	18.28	269
双鸭山	25.25	214	保山	23.30	242	临沧	18.21	270
益阳	25.19	215	郴州	23.23	243	曲靖	17.94	271
武威	25.17	216	汉中	23.08	244	黑河	17.74	272
河池	25.15	217	白城	22.91	245	昭通	17.56	273
松原	25.12	218	驻马店	22.87	246	周口	17.13	274
渭南	25.11	219	廊坊	22.69	247	怀化	17.07	275
菏泽	24.80	220	百色	22.68	248	临汾	16.86	276
白银	24.75	221	亳州	22.56	249	定西	15.78	277
贺州	24.66	222	巴中	22.48	250	庆阳	15.50	278
龙岩	24.59	223	信阳	22.31	251	运城	15.26	279

续表

城市	指数	排名	城市	指数	排名	城市	指数	排名
达州	14.50	280	普洱	13.14	283	陇南	1.00	286
吕梁	14.17	281	绥化	10.60	284			
娄底	13.94	282	沧州	9.03	285			

资料来源：课题组整理。

将全国城市按照四个区域进行人文城市指数分析。总体来看，东部地区的人文城市建设相对较好，中部、西部和东北部地区较为落后，但四个区域差异并不明显。全国的总体均值为32.17，只有东部地区得分在均值之上，为37.20，中部、西部、东北三个地区得分相近，均在30分左右（图4-8）。报告显示，全国的人文城市水平整体表现并不理想，各个城市需要进一步加强该方面建设。

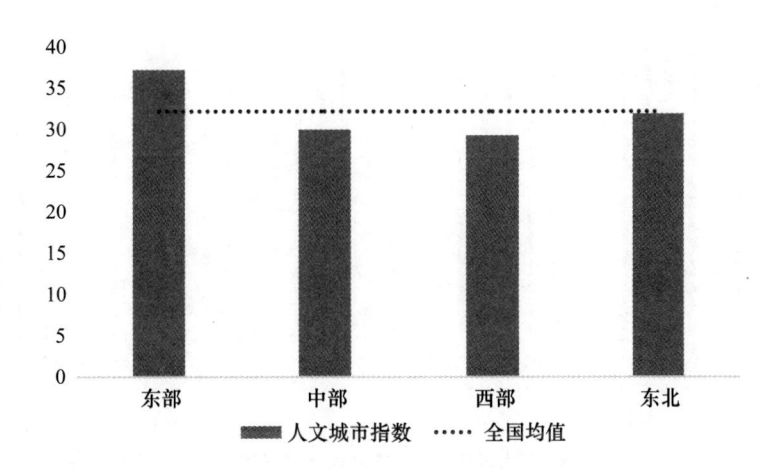

图4-8 全国分区域城市人文城市指数总体情况（2019）
资料来源：课题组绘制。

对 36 个重点城市进行人文城市指数分析。重点城市中上海和北京表现亮眼，得分均在 90 分以上，其他的城市与他们差距明显。按照降序排列，36 个城市基本可以归为三个明显的梯度（图 4-9）。上海、北京、深圳归为第一梯度，该梯队城市得分较高，均在 75 分以上；广州到石家庄归为第二梯度，分值在 40—75 分之间，其差值并不明显，变化较为平缓；乌鲁木齐到拉萨为第三梯度，得分在 40 分以下，相对较差。从分布来看，在重点城市前十名中东部的重点城市有 8 个，相较于其他区域，东部地区城市具有一定的优势。

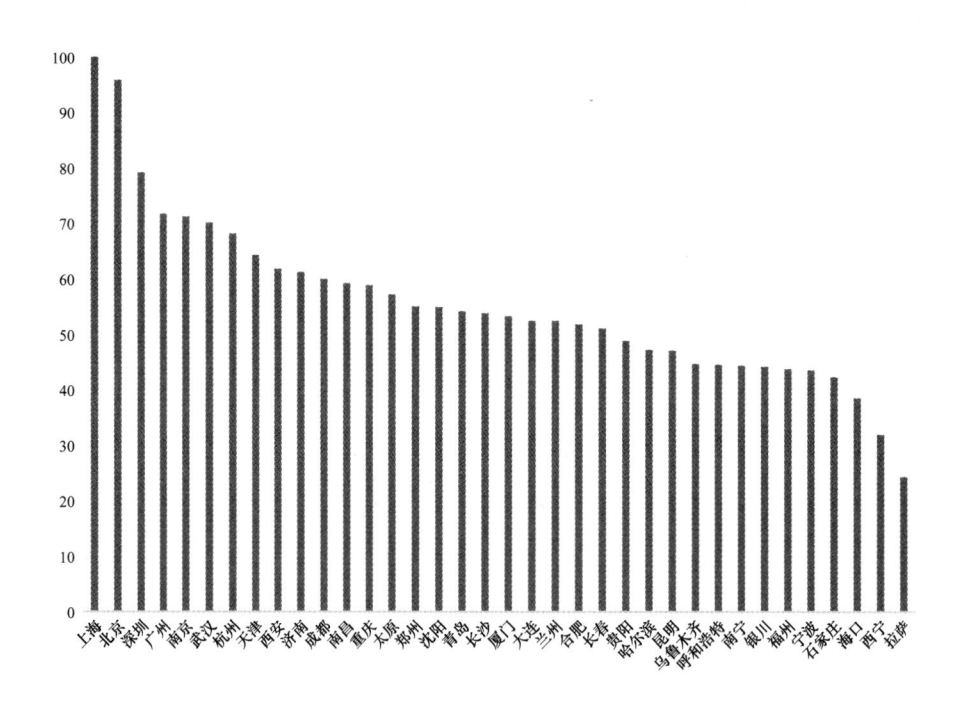

图 4-9 全国 36 个重点城市的城市人文指数（2019）

资料来源：课题组绘制。

本报告显示，智慧城市指数、人文城市指数两个分专题相辅相成，呈现显著正相关关系，相关系数高达 0.706，且在 0.01 水平上显著；而绿色城市指数相对较为独立，只与人文城市指数显著相关，系数为 0.101，且只在 0.1 水平上显著；绿色城市指数与智慧城市指数相关系数小，仅为 0.073，且不显著（图 4-10）。这说明智慧城市的建设和人文城市的建设高度相关，智慧城市的建设与人文城市的建设二者之间存在相互促进的关系；绿色城市的建设相对较为独立，其与另外两个方面的建设关系并不紧密。总体来说，绿色城市、智慧城市、人文城市的建设不存在相互制约

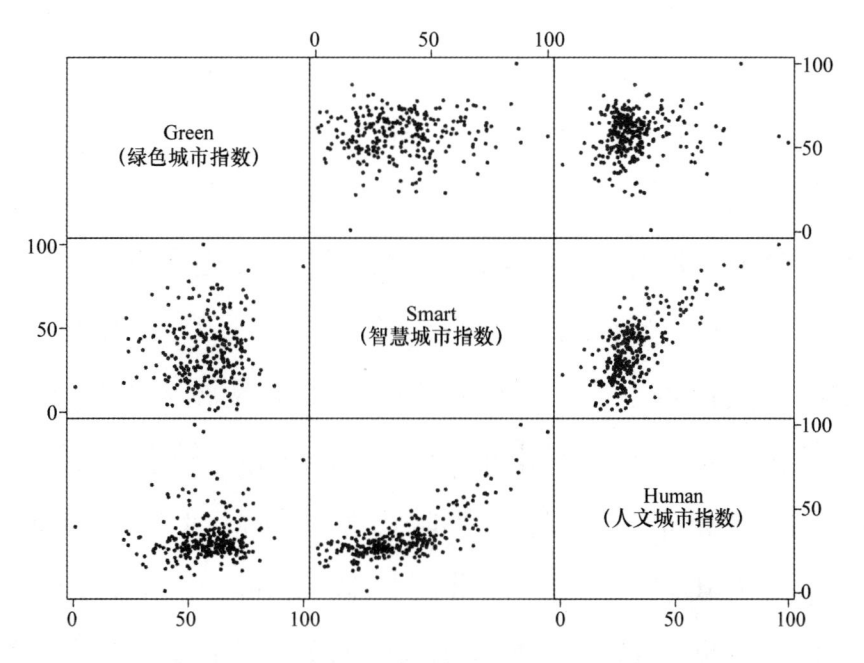

图 4-10　中国地级及以上城市分指数相关关系（2019）

资料来源：课题组绘制。

的情况，绿色智慧城市的建设需要三方面协调发展，共同推进。

（三）绿色智慧城市群排行榜

国家"十一五"规划开创性地把"城市群作为推进城镇化的主体形态"，并于 2014 年进一步明确将城市群作为新型城镇化的主导和基调。《国家新型城镇化规划（2014—2020 年）》首次明确将长三角、珠三角、京津冀、长江中游城市群和成渝城市群确立为 5 大国家级城市群。"十三五"规划明确了中国城市群发展的基本格局，针对不同地区、不同发展阶段的城市群，分别作出了"东部地区优化提升"，"中西部地区培育"，东北地区、中原地区、长江中游、成渝地区、关中平原城市群"发展壮大"，北部湾、晋中、呼包鄂榆、黔中、滇中、兰西、宁夏沿黄、天山北坡城市群"规划引导"等针对性策略，共涉及以下 19 个城市群：长三角城市群、珠三角城市群、京津冀城市群、成渝城市群、长江中游城市群、中原城市群、哈长城市群、辽中南城市群、山东半岛城市群、海峡西岸城市群、北部湾城市群、呼包鄂榆城市群、山西中部城市群、关中平原城市群、宁夏沿黄城市群、兰西城市群、天山北坡城市群、滇中城市群、黔中城市群。截至 2019

年年底,各城市群规划已基本编制完成,跨省城市群规划均已出台并实施。

本报告重点分析5个国家级城市群(京津冀城市群、长江三角洲城市群、珠江三角洲城市群、长江中游城市群、成渝城市群),8个区域性城市群(哈长城市群、辽中南城市群、山东半岛城市群、海峡西岸城市群、关中平原城市群、中原城市群、北部湾城市群、天山北坡城市群),以及6个地区性城市群(呼包鄂榆城市群、山西中部城市群、宁夏沿黄城市群、兰西城市群、滇中城市群、黔中城市群)的绿色智慧城市发展水平。

1. 绿色智慧城市群发展水平总体状况

经过对相关数据的处理与计算,我们得到了2019年全国19个城市群绿色智慧城市发展排行榜(见图4-11)。

在全国19个城市群中,珠三角城市群、长三角城市群以及山东半岛城市群的绿色智慧发展综合水平位居前三甲。这3个城市群由南向北布局于中国的东部沿海地区,人口规模大,经济发展水平较高。关中平原城市群、中原城市群、兰西城市群位居19个城市群的后3位,主要集中在中西部地区,人口规模较小,经济发展水平较为滞后。从全国的总体格局来看,绿

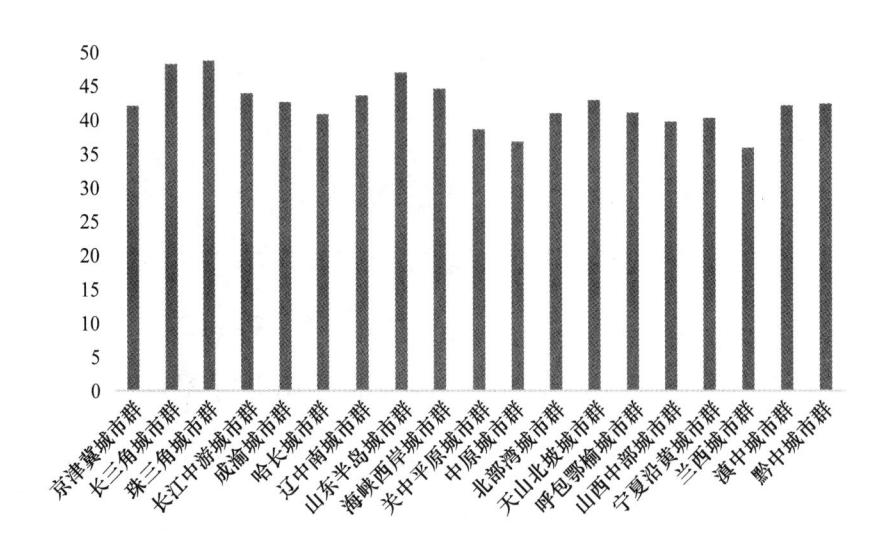

图 4-11　全国 19 个城市群绿色智慧发展状况（2019）

资料来源：课题组绘制。

色智慧城市群的发展水平呈现出东高西低、沿江沿海地区和大型城市群较高的分布格局。

2. 绿色智慧城市群内部发展差异状况

从各个城市群内部发展差异情况来看，除了天山北坡城市群以外，城市群内部绿色智慧城市发展水平变异系数较小的几个城市群，其整体发展水平普遍不高，如北部湾城市群、中原城市群、呼包鄂榆城市群、宁夏沿黄城市群、海峡西岸城市群等，内部变异系数低于 5。在 5 大国家级城市群中，内部差异度由低到高分别是长江中游城市群、成渝城市群、长三角城市群、珠三角城市群和京津冀城市群，其中，珠三角城市群、京津冀城市群位居 19 个城市群的倒数后两位，内部变异系数超过9（图4-12）。

这表明一些城市群的绿色智慧建设水平内部存在较大差异，亟待整体提高。而几个总体发展较好的城市群，其城市群内部各城市间差距也较大，因此也需要区域的协调发展。从发展水平和内部差异两个方面来看，山东半岛城市群和海峡西岸城市群的绿色智慧建设较有成效，同时也比较均衡。

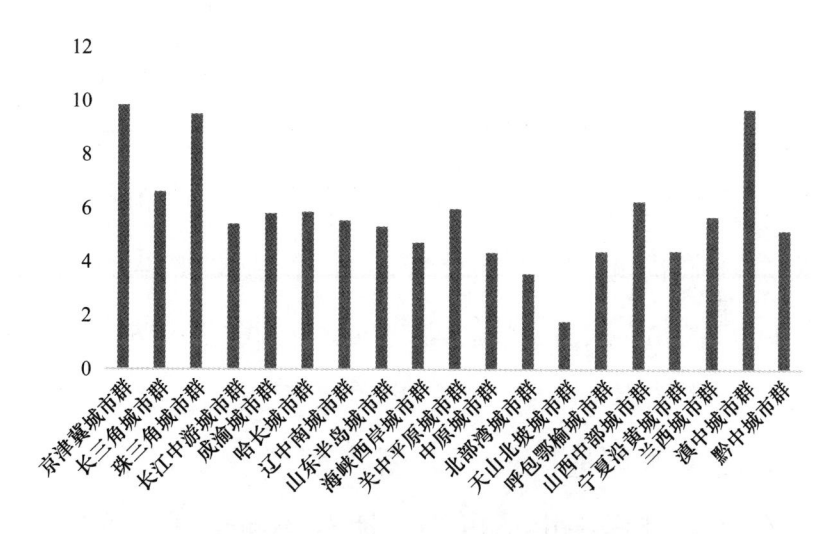

图4-12　全国19个城市群内部绿色智慧发展差异状况（2019）
资料来源：课题组绘制。

（四）绿色智慧城市群分指数排行榜

1. 绿色城市群排行榜

对城市群内的城市取平均值得出城市群的总体得分，由此来看东南部沿海地区城市群的绿色城市指数排名整体靠前（图4-13）。排名前五的城市群中除了黔中城市群和长江中游城市群，其他城市群都位于中国的东南沿海地区。得分最低的5个城市群皆位于中国的中西部地区。绿色城市指数表现出城市群间较为明显的南北差异。南方的城市群普遍得分较高，而排名靠后的大多数是西北部地区的城市群。北方经济发展较快的京津冀城市群在绿色城市这一项排名第15位。一方面，城市群的绿色城市建设和自身地理区位条件分不开，中国南北地势相差较大，北方条件较南方恶劣，因此在绿色城市建设这一方面北方城市群先天不足。另一方面，绿色城市的建设也与区域经济发展水平和产业布局有很大的关系。临海地区的城市群，有着得天独厚的区位优势，同时经济发展位于全国前列，因此地区所布局的产业大多技术含量较高，产生的污染较少，生态环境比较友好。而中西部地区的资源密集型产业不仅消耗能源，同时在开采过程中也不可避免地对环境造成负面影响。

结合城市群内各城市绿色发展差异排行榜来看，虽然有些城市群总体上发展态势较好，但城市群内部的发展差异很大。比如珠江三角洲城市群的整体排名位于前列，然而其内部发展非常不均衡。有些城市群整体发展都比较落后，比如呼包鄂榆城市群，绿色城市发展平均排名靠后但标准差很小，说明城市群内各个城市在绿色城市建设方面水平相当，都有待提高。有些城市群总体上在绿色城市建设上面稍显逊色，同时城市群内部差异也非常大，比如宁夏沿黄城市群、兰西城市群，这些城市群今后不仅需要大力发展绿色城市建设，与此同时也要注重区域的协调发展。从整体的趋势来看，东南部地区的城市群发展更好。像长江三角洲城市群、滇中城市群和北部湾城市群，它们的绿色城市建设水平排行靠前，且内部差异比较小。这与城市群整体产业发展战略是分不开的，都大力布局战略性新兴产业，同时，城市群注重生态环境建设和第三产业发展。

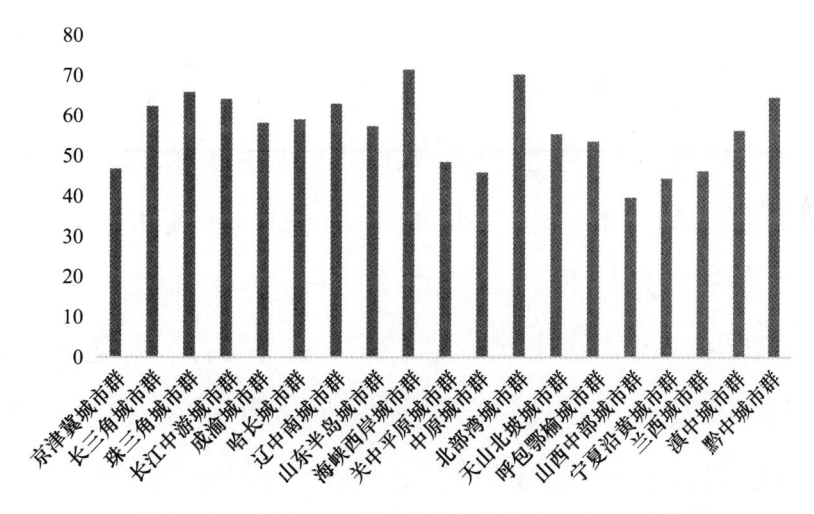

图 4-13 全国 19 个城市群绿色发展状况（2019）①

资料来源：课题组绘制。

---

① 注：（1）由于数据可得性与城市群划分，部分城市群包含市州未纳入绿色智慧城市打分；天山北坡城市群无昌吉市、米泉市、阜康市、石河子市、乌苏市、奎屯市；哈长城市群无延边朝鲜族自治州；关中平原城市群无临汾市；珠江三角洲城市群无韶关市；滇中城市群无楚雄彝族自治州及红河哈尼族彝族自治州；（2）城市群发展得分由各城市群包含城市平均值求得，城市群内各城市差异由标准偏差求得。

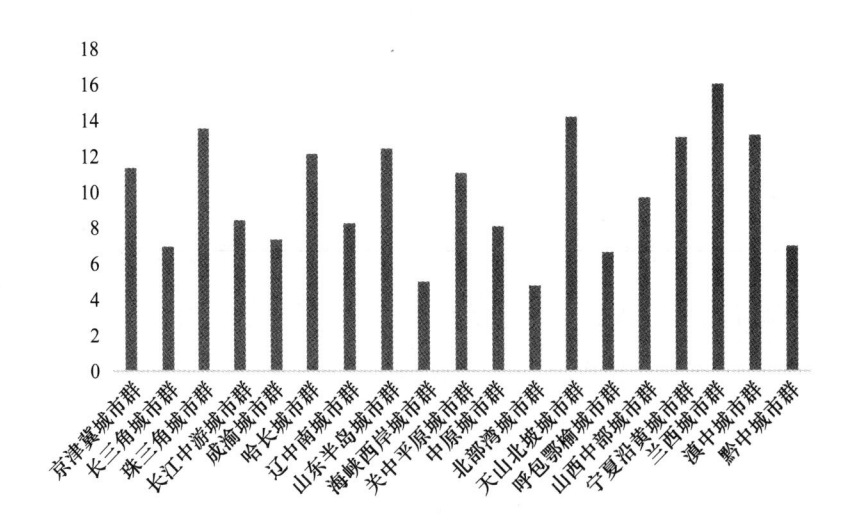

图 4-14　全国 19 个城市群内部绿色发展差异状况（2019）

资料来源：课题组绘制。

2. 智慧城市群排行榜

由城市群智慧城市发展的平均得分来看，东南沿海地区的珠三角、长三角城市群在智慧城市建设方面处于国内领先地位，山东半岛城市群、海峡西岸城市群和滇中城市群发展势头良好。良好的产业基础和较高的经济发展水平是智慧城市建设的有力支撑，中西部逐步加大在智慧城市建设方面的投入，通过信息资源流动来抢抓机遇缩小发展差距。中原城市群、北部湾城市群、兰西城市群总体智慧城市发展水平处在较低位置，仍存在较大的提升空间。

而参照城市群内部差异排行榜，我们发现珠三角城市群、京津冀城市群内智慧城市的发展差异很大。排名靠前的主要是北京、上海、深圳、广州等城市，

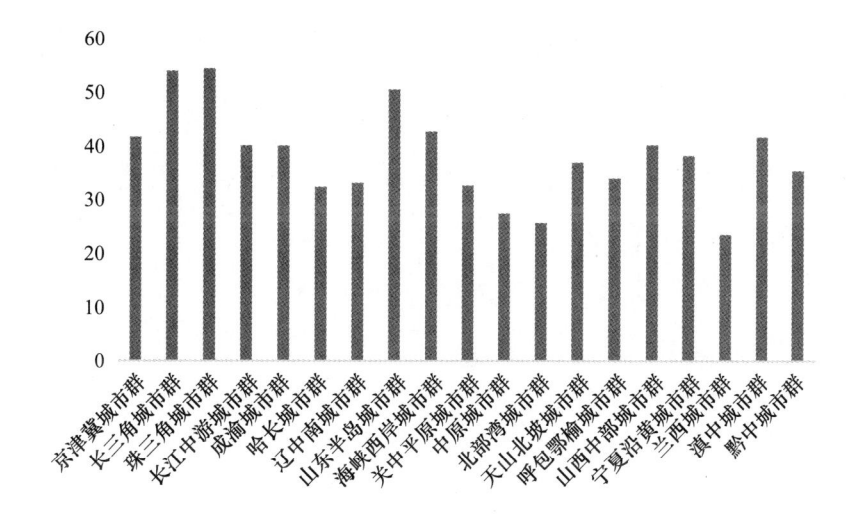

图 4-15　全国 19 个城市群智慧发展状况（2019）
资料来源：课题组绘制。

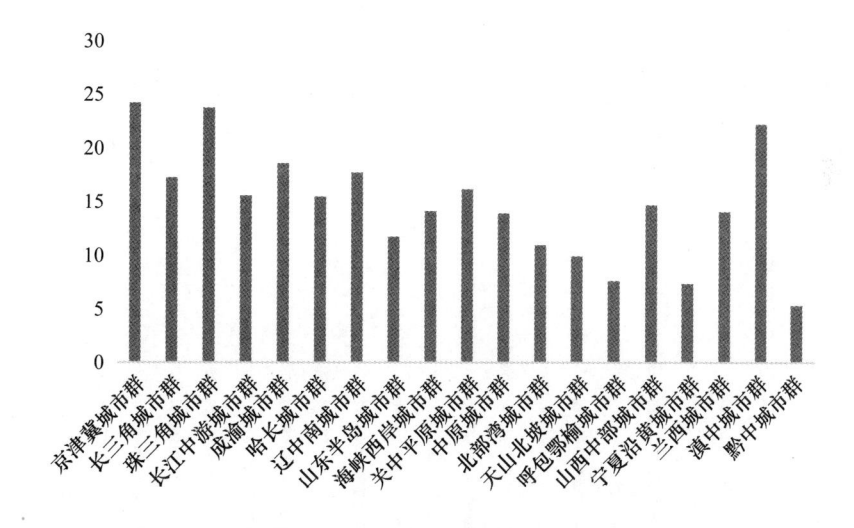

图 4-16　全国 19 个城市群内部智慧发展差异状况（2019）
资料来源：课题组绘制。

这说明城市群内部各城市的联动发展还比较欠缺。智慧城市发展比较好且城市间差异小的城市群主要有海峡西岸城市群、山东半岛城市群等，而像长三角城市群、珠三角城市群、滇中城市群等整体发展良好，但是城市间内部差异很大。城市群的智慧城市建设呈现两极分化的状态。

3. 人文城市群排行榜

由城市群的平均得分来看，东南沿海地区的城市群如山东半岛城市群、珠三角城市群、长三角城市群、辽中南城市群的人文城市发展水平较高。中西部地区的一些城市群如关中平原城市群、中原城市群、兰西城市群，南部地区的城市群如北部湾城市群、海峡西岸城市群排名较为靠后。总体来说，人文城市的建设和经济发展水平密不可分，教育与基础设施的投资以

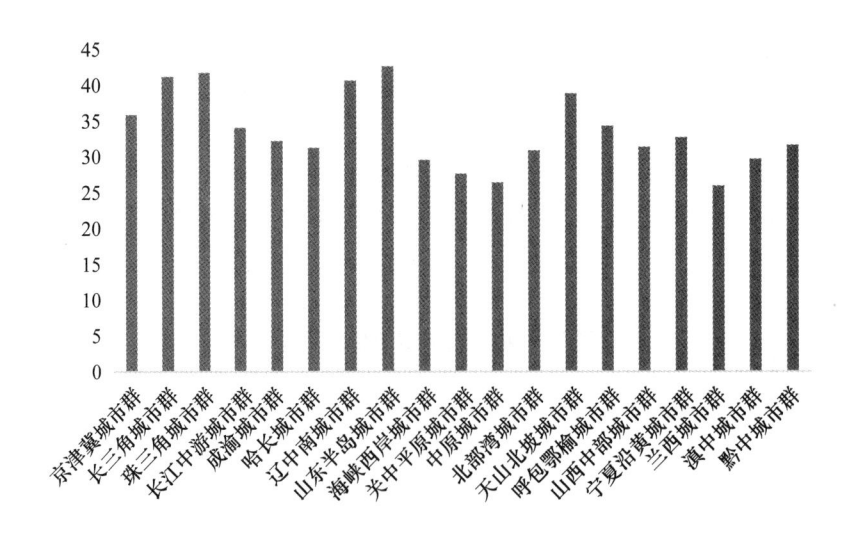

图 4-17 全国 19 个城市群人文发展状况（2019）

资料来源：课题组绘制。

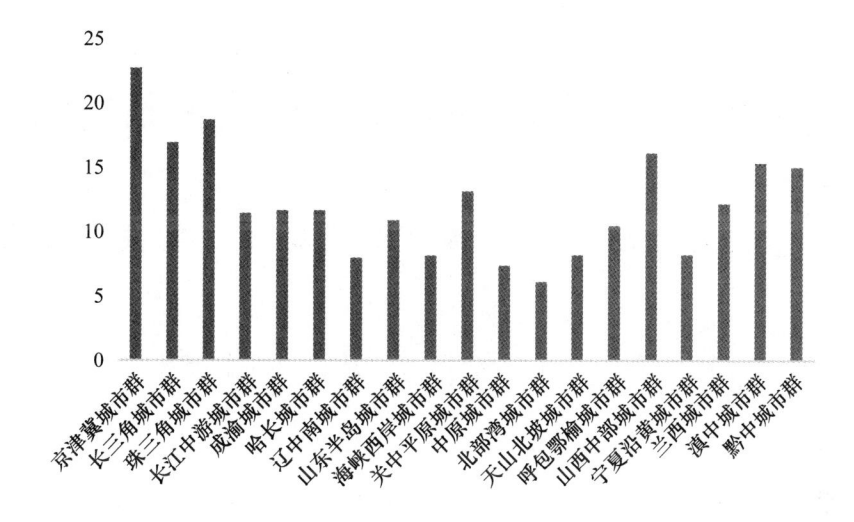

图4-18 全国19个城市群内部人文发展差异状况（2019）
资料来源：课题组绘制。

及福利保障都需要一定的经济基础。

对比城市群内部城市的差异发现，发展较为薄弱的北部湾城市群、中原城市群、辽中南城市群等内部差距较小，城市群整体人文城市建设水平皆有待提升。海峡西岸城市群、天山北坡城市群和宁夏沿黄城市群的发展比较均衡，实力也较强。原因之一可能是纳入统计的少数城市得分相对较高。而内部差异最大的三个城市群分别是长三角城市群、珠三角城市群和京津冀城市群，原因之一在于城市数量较多，各城市能级和发展水平参差不齐。比如京津冀城市群中北京的得分为95.75分，而沧州却只有9.03分，两者相差极其悬殊。

(五) 绿色智慧城市的空间关系分析

1. 全国地级及以上城市绿色城市空间集聚效应分析

本部分应用空间计量的方法对中国 286 个地级及以上城市绿色智慧城市发展的空间相关性进行分析。首先根据中国各地级及以上城市的绿色智慧城市发展指数计算出 Moran 指数,其中,空间权重矩阵根据各城市距离平方的倒数计算得到。Moran 指数可看作各地区绿色智慧城市发展水平的乘积和,取值范围介于 -1 至 1 之间:若其数值大于 0,则说明城市绿色智慧发展水平存在空间正自相关,即相邻区域之间城市绿色智慧发展水平具有相似属性,绿色智慧城市发展水平高的城市集聚在一起,发展水平低的城市集聚在一起,数值越大说明空间分布的正自相关性越强,集聚的强度也越强;若其数值小于 0,则说明绿色智慧城市发展水平存在空间负自相关,绿色智慧城市发展水平高的城市和绿色智慧城市发展水平低的城市集聚在一起,数值越小则说明各空间单元的离散性越大;若其数值为 0,则说明绿色智慧城市发展水平服从随机分布,地区间不存在相关关系。

表 4-5 是中国 286 个地级及以上城市绿色智慧城

市发展水平和绿色城市发展水平、智慧城市发展水平以及人文城市发展水平的 Moran 检验结果。从中可以看出，中国 286 个地级及以上城市绿色智慧城市发展水平、绿色城市发展水平、智慧城市发展水平以及人文城市发展水平均有显著的正向空间相关性。换言之，中国 286 个地级以上城市的绿色智慧城市发展水平、绿色城市发展水平、智慧城市发展水平以及人文城市发展水平在空间分布上并非处于完全随机的状况，而是某些地级及以上城市的相似值之间在空间上趋于集聚，显示中国城市绿色智慧城市发展水平、绿色城市发展水平、智慧城市发展水平以及人文城市发展水平存在空间上、区域上集聚的现象。

表 4-5　　全国地级及以上城市 Moran 指数（2019）

	Moran's I	P 值
总指数	0.089	0.000
绿色城市指数	0.166	0.000
智慧城市指数	0.080	0.000
人文城市指数	0.033	0.000

注：使用的空间权重矩阵为各城市距离平方的倒数。

2. 全国地级及以上城市绿色智慧城市空间异质性分析

值得注意的是，全域 Moran 指数可以描绘经济变量整体的空间自相关性，但不能反映具体地区的空间依赖性，而局域 Moran 分析则可以提供各地区与相邻地区间的空间关系。在局域 Moran 分析中，一般是通过图形来展示不同地区的空间关系模式。通过在二维平面上绘制局域 Moran 指数散点图，将各区域绿色智慧城市发展指数分为 4 个象限的集群模式，用以清晰识别一个区域与临近区域的空间关系。具体而言，第 1 象限为"高—高"组合，表示绿色智慧城市发展水平高的地区被同是高水平的地区包围；第 2 象限为"低—高"组合，表示绿色智慧城市发展水平低的地区被高水平地区包围；第 3 象限为"低—低"组合，表示绿色智慧城市发展水平低的地区被同是低水平的地区包围；第 4 象限为"高—低"组合，表示绿色智慧城市发展水平高的地区被低水平的地区包围。

为进一步分析中国地级及以上城市绿色智慧城市发展水平的空间集聚特征，本部分绘制出了中国地级及以上城市绿色智慧城市发展水平以及绿色城市发展水平、智慧城市发展水平和人文城市发展水平 3 个分领域的局域 Moran 指数散点图（图 4-19 至图 4-22）。Moran 指数散点图是根据某地区绿色智慧城市发展水平所属局部空间的集聚类型，将其划分为 4 个象限，分别对应于地区绿色智慧城市发展水平与临近地区之间的四种类型的局部空间联系形式。总体而言，在以下4个Moran指数散点图中，中国286个地级及以上城市在4个象限均有分布，但分布特征各异，下面对各指数逐个加以分析。

在中国286个地级及以上城市绿色智慧城市发展水平的局域Moran指数散点图中（图4-19），落在4个象限中的城市数量相当，说明在城市协同发展能力上，4种组合的城市集聚类别同时存在。落在第1象限的大部分都是东部沿海城市，如深圳、上海、广州、珠海、南京、杭州等，属于"高—高"组合，这些城市本身绿色智慧城市发展水平高，周边城市绿色智慧城市发展水平也高，在绿色智慧城市排行榜中排名靠前，属于城市分类中的国家典型示范城市和区域性示范城市；落在第3象限的城市则恰恰相反，基本位于中西部地区和东北地区，如庆阳、陇南、嘉峪关、朝阳、酒泉等，属于"低—低"组合，这些城市本身绿色智慧城市发展水平低，周边城市绿色智慧城市发展水平也低，在绿色智慧城市排行榜中排名靠后，属于城市分类中的地方一般城市和地方薄弱城市。第4象限城市多为中西部地区的区域中心城市，如成都、武汉等，属于"高—低"组合，这些城市本身绿色智慧城市发展水平高，但周边城市绿色智慧城市发展水平一般，在绿色智慧城市排行榜中排名中上游，属于城市分类中的区域性示范城市。值得注意的是，北京也落在第4象限，虽然北京高居绿色智慧城市发展水平榜首，但其周边城市的绿色智慧城市发展水平却相对落后，未来京津冀地带的绿色智慧城市发展水平有待进一步同步提高。而第2象限又与此相反，多位于区域性示范城市的周边，如湘潭、阳江、清远、吴忠、临沂、渭南等，属于"低—高"组合，这些城市周边的区域性示范城市的绿色智慧城市发展水平高，但这些城市的绿色智慧城市发展水平却一般，绿色智慧城市发展水平排名居中，属于城市分类中的地方先进城市和地方一般城市。这也说明中国地级及以上城市绿

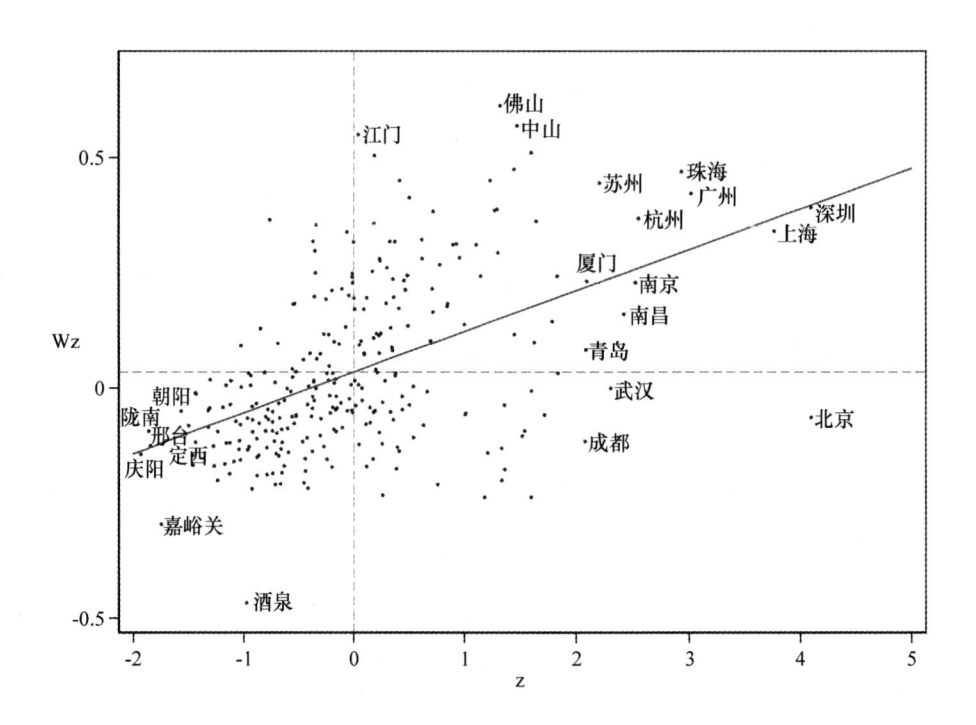

图4-19 全国地级及以上城市绿色智慧城市指数局部 Moran's I 散点图（2019）
资料来源：课题组绘制。

色智慧城市发展水平在表现出一定的空间集聚特征之外，也有一定的空间异质性，空间集聚并不是绝对的、完全的。

在全国地级及以上城市绿色城市指数的局域 Moran 指数散点图中（图4-20），绝大多数城市落在第1象限和第3象限，其余城市则散落在第2象限和第4象限，说明全国地级及以上城市在绿色城市发展水平上，绝大多数城市属于"高—高"组合和"低—低"组合。落在第1象限的城市属于"高—高"组合，这些城市本身绿色城市发展水平高，周边城市绿色城市发展水平也高，这部分城市在绿色城市发展水平排行榜中排名中上游，如深圳、景德镇、海口、丽江、三亚、厦门等；落在第3象限的城市则恰恰相反，如嘉峪关、焦作、阳泉、乌海、白城等，这些城市多位于西部生态脆弱地区，以及近年来环境质量表现较差的部分中东部和东北地区，属于"低—低"组合，这些城市本身绿色城市发展水平低，周边城市绿色城市发展水平也低，在绿色城市发展水平排行榜中排名中下游。第4象限城市数量相对较少，如北京、青岛、秦皇岛、西安等，属于"高—低"组合，这些城市本身绿色城市发展水平高，但周边城市绿色城市发展水平一般，在绿色城市发展水平排行榜中排名中上游；落入第2象限的城市又与此相反，属于"低—高"组合，如东莞、赣州、乐山、清远等，这些城市周边的绿色城市发展水平高，但这些城市的绿色城市发展水平却一般，这些城市在绿色城市发展水平排行榜中排名下游。

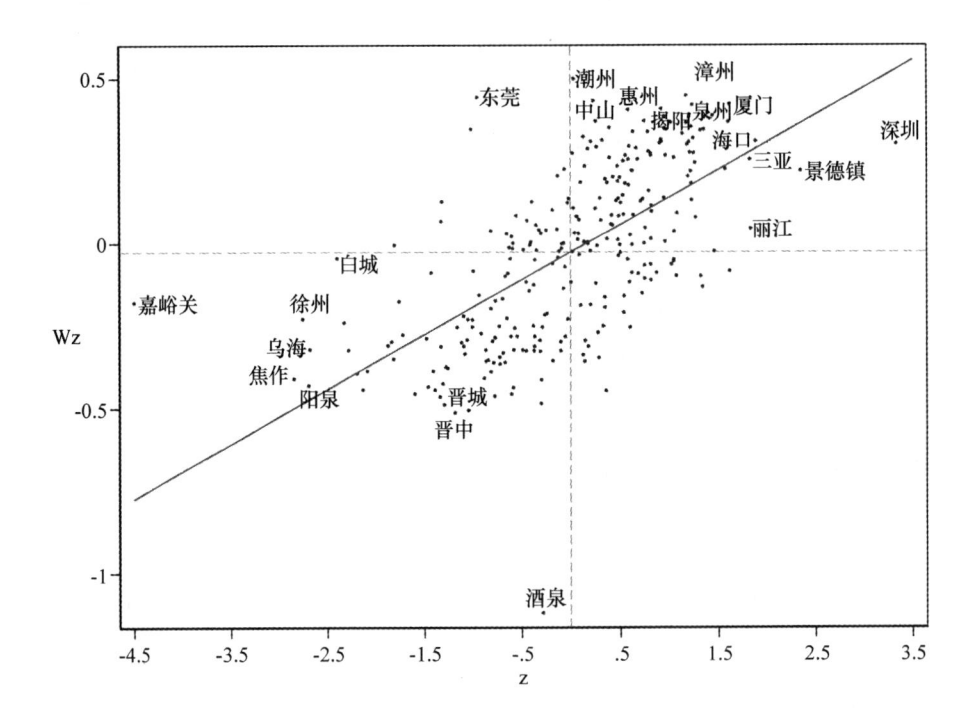

图 4-20　全国地级及以上城市绿色城市指数局部 Moran's I 散点图（2019）

资料来源：课题组绘制。

在全国地级及以上城市智慧城市指数的局域 Moran 指数散点图中（图 4-21），四个象限均有城市分布，其中落在第 1 象限和第 3 象限的城市较多，落在第 2 象限和第 4 象限的城市较少，说明全国地级及以上城市在智慧城市发展水平上，属于"高—高"组合和"低—低"组合的城市数量较多。落在第 1 象限的城市属于"高—高"组合，这些城市本身智慧城市发展水平高，周边城市智慧城市发展水平也高，这部分城市在智慧城市发展水平排行榜中排名中上游，如北京、上海、广州、深圳、珠海、杭州、南京、苏州等，大多数城市位于东部沿海地带，属经济发展水平较高的城市；落在第3象限的城市则恰恰相反，如鸡西、百色、黑河、鹤岗、七台河、伊春等，这些城市多位于经济发展水平较为落后的西部地区和东北地区，属于"低—低"组合，这些城市本身智慧城市发展水平低，周边城市智慧城市发展水平也低，落在这一象限的城市数量最多，这些城市在智慧城市发展水平排行榜中排名中下游。第4象限城市数量相对较少，如成都、重庆、武汉、兰州、南宁、哈尔滨、沈阳、长春等，属于"高—低"组合，这些城市本身智慧城市发展水平高，但周边城市智慧城市发展水平一般，在智慧城市发展水平排行榜中排名中上游，这些城市大多为中西部地区以及东北地区的省会城市，属于区域中心城市；落入第2象限的城市又与此相反，属于"低—高"组合，如江门、湘潭、廊坊等，这些城市周边的智慧城市发展水平高，但这些城市的智慧城市发展水平却一般，这些城市在智慧城市发展水平排行榜中排名下游。从落在四个象限的城市数量上来分析，可以看出中国智慧城市发展水平高的城市仍较为稀少，大多数城市的智慧城市发展水平一般，中国城市的智慧城市发展水平整体上仍有较大的可提升空间。

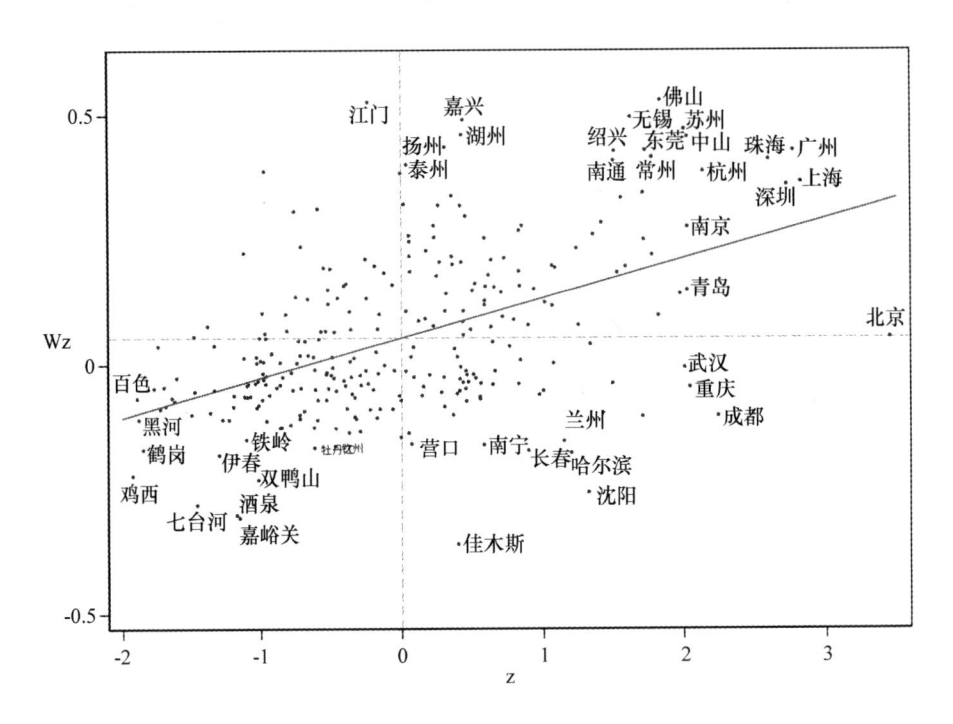

图 4-21　全国地级及以上城市智慧城市指数局部 Moran's I 散点图（2019）

资料来源：课题组绘制。

在全国地级及以上城市人文城市指数的局域 Moran 指数散点图中（图 4-22），四个象限均有城市分布，但落在第 2、3 象限的城市最多，说明全国地级及以上城市在人文城市发展水平上，大多属于"低—高"组合和"低—低"组合。落在第 1 象限的城市属于"高—高"组合，这些城市本身人文城市发展水平高，周边城市人文城市发展水平也高，这部分城市在人文城市发展水平排行榜中排名上游，如上海、深圳、广州、南京、杭州、珠海、苏州等，大多数城市位于东部沿海地带，属经济发展水平较高的城市；落在第3象限的城市则恰恰相反，如陇南、普洱、三门峡等，这些城市多位于经济发展水平较为落后的地区，属于"低—低"组合，这些城市本身人文城市发展水平低，周边城市人文城市发展水平也低，落在这一象限的城市数量较多，这些城市在人文城市发展水平排行榜中排名中下游。第4象限城市数量相对较少，如北京、武汉、重庆、成都、西安、兰州、昆明、济南、南昌等，属于"高—低"组合，这些城市本身人文城市发展水平高，但周边城市人文城市发展水平一般，在人文城市发展水平排行榜中排名中上游，这些城市大多为中西部地区以及东北地区的省会城市，属于区域中心城市；落入第2象限的城市又与此相反，属于"低—高"组合，如嘉兴、廊坊、沧州、绥化等，这些城市周边的人文城市发展水平高，但这些城市的人文城市发展水平却一般，这些城市在人文城市发展水平排行榜中排名下游，落入这一象限的城市数量也较多。从落在4个象限的城市数量上来分析，可以看出中国人文城市发展水平高的城市仍较为稀少，大多数城市的人文城市发展水平一般，中国城市的人文城市发展水平整体上仍有较大的可提升空间。

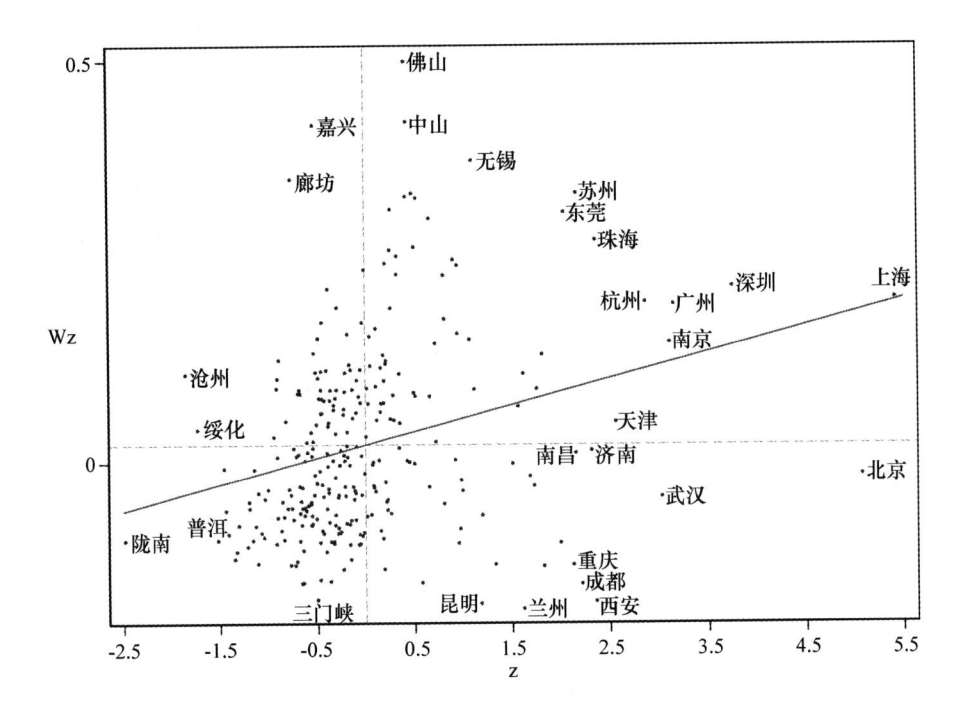

图 4-22　全国地级及以上城市人文城市指数局部 Moran's I 散点图（2019）
资料来源：课题组绘制。

五 绿色智慧城市建设的对策与建议[*]

根据本报告对中国绿色智慧城市指数的分析，我们发现，当前中国绿色智慧城市建设已取得了较好的效果，但不可否认，绿色智慧城市建设也面临一系列问题和挑战。促进中国绿色智慧城市高质量发展，仍需在诸多方面共同改进。放眼未来，中国绿色智慧城市建设任重而道远，有必要从突破核心问题、创新体制机制以及实施一批重点项目三方面入手，科学、有序、高效地推进中国绿色智慧城市建设工作。

（一）解决核心问题

根据本报告的研究结果，中国绿色智慧城市发展仍面临着一系列问题亟待解决，课题组基于问题导向，

---

[*] 本章撰稿人为易臻真、胡德、石庆玲。

提出相应对策建议。

1. 提高绿色城市、智慧城市、人文城市的协同发展

本报告对中国绿色智慧城市的绿色城市、智慧城市、人文城市三个维度指数的相关性进行了分析。分析中发现，从总体上来说，智慧城市的建设和人文城市的建设高度相关，智慧城市的建设与人文城市的建设二者之间存在相互促进的关系，相关系数为0.706，而绿色城市的建设则相对较为独立，其与另外两个方面的建设关系并不紧密。

首先，中国绿色城市的建设仍有待于与智慧城市建设相互促进。绿色城市的发展与智慧城市的发展不应该相剥离，否则便会出现只重视绿色城市的发展而忽视智慧城市的发展，或者只重视智慧城市的发展而忽视绿色城市发展的情形，这种发展模式是与绿色智慧城市的初衷和宗旨相违背的，不符合绿色智慧城市发展的要求。绿色智慧城市的建设和发展必须两条腿走路，同时重视绿色城市的发展与智慧城市的发展。

其次，中国绿色城市的建设仍有待于与人文城市建设相互促进。不论绿色智慧城市的定义还是绿色智慧城市的内涵，都明确了以人为本是绿色智慧城市建

设的核心理念。因此，中国绿色智慧城市的建设必须坚持绿色城市建设和智慧城市建设协同发展，同时绿色城市的建设和智慧城市的建设必须积极促进人文城市的建设，最终为广大民众的生活提供舒服、智慧和便利的体验。

2. 发挥示范城市引领作用，带动周边城市建立高水平绿色智慧城市

本报告通过对中国绿色智慧城市建设的空间关系进行分析，发现中国绿色智慧城市建设中，国家级示范城市对周边城市的引领作用有待进一步发挥。分析中发现，绿色智慧城市指数的空间分布特征表现为"高—高"组合和"高—低"组合较少，而"低—低"组合和"低—高"组合则较多，这说明国家典型示范城市和区域性中心城市的数量仍较少，且这些城市对周边城市的引领带动作用十分有限，绿色智慧城市发展较好的城市应发挥出更大的引领作用，带动周边城市共同建设绿色智慧城市。总体来说，中国绿色智慧城市的发展，应进一步打造国家典型示范城市和区域性中心城市，同时更应发挥其引领作用，带动周边城市共同建设高水平的绿色智慧城市，形成绿色智慧城市群的发展模式。

3. 突出城市个性，因地制宜打造"特色小镇"式的绿色智慧城市

中国幅员辽阔，各城市均有其自身的发展优势，比如丽水在绿色城市发展中表现突出，名列绿色城市发展水平榜首，而丽水在智慧城市和人文城市方面的表现则较为一般。在绿色智慧城市的建设过程中，应因地制宜，明确这类城市的具体定位，依托城市的主体特征和优势领域，将其打造成特色鲜明的绿色智慧城市，而非追求千城一面。同样地，也有很多城市分别在智慧城市和人文城市的发展中表现优异，名列分领域指数排名榜前茅，而在其他领域指数排行中则表现一般。这类城市应该作为发挥当地优势进行因地制宜建设的重点城市和典型城市，建设绿色智慧城市。事实上，当前中国在因地制宜发展特色城市上已经进行了很好的尝试，比如当前对特色小镇的打造正符合这一城市建设发展理念。未来中国在绿色智慧城市建设方面，应充分考虑当地的资源禀赋和优势产业，因地制宜，打造一批特色性绿色智慧城市，而不是千城一面、各方面发展水平均一般的绿色智慧城市。

（二）创新体制机制

汲取全球绿色智慧城市发展的成功经验，结合中

国绿色智慧城市建设和发展实情及其中存在的主要矛盾和问题，课题组从体制机制创新方面相应提出以下对策与建议。

1. 进一步完善各级顶层设计及政策法规

纵观历史，当今世界正处于百年未有之大变局。在美国特朗普政府宣布不断退出重要国际组织、国际协议的背景下，世界众多国家对中国作为全球化重要推动力量的期望上升。与此同时，中国对外开放、对外合作的环境条件也受到影响。在多种因素的共同作用下，为确保中国绿色智慧城市合理有质量的发展，需要更完备细致的总体规划、过程规划、具体规划并层层落实。以崭新的绿色智慧城市理念来规划城市建设和发展，在规划、建设实施和管理运营层面上充分体现绿色理念和建设思维。在总体规划方面坚持前瞻性、协同性和约束性，改变传统重建设轻管理、重经济效益轻社会效益的观念。发挥政府主导作用，积极调动全球各领域的专家学者进行咨询论证，避免在以往城市建设中出现的大城市病问题。在总体规划的同时，做好各个专项方案，尤其是生态环境保护和交通规划方面，确保城市网络和生态系统在初期就保证城市建设的绿色发展。同时完善城市的空间规划、财政税收、建设开发、监督管理和公共服务，以实际的具体措施来约束和促进城市的绿色发展。

值得注意的是,要建设一个宜居、富有活力、有特色的绿色智慧城市,离不开标准的引领。国家绿色智慧城市建设的标准制定,并不意味着打造出来的绿色智慧城市是一模一样的,而恰恰要强调的是绿色智慧城市一定是各有特色的,各地政府一定是要结合自己的人文、风貌等特点在国家标准制度基础上进一步完善具有自身特色的绿色智慧城市建设规划和方案。

此外,政府要加快制定相关的法律法规和规范标准,对政府的行为和市场行为做好监督。政府应该抛弃粗放式管理,不以纯粹的 GDP 为主导,把生态环保建设作为政绩考核的重要内容,以成文的法律法规把政府的行为规范起来,为做好监督提供有力的依据。对于市场要以法律为指导和标准,引导企业和公众树立起真正的绿色理念,并且通过体制创新来调动市场的积极性。通过政策扶持和税率优惠为环保绿色的企业提供便利,同时也要用规章制度为企业加压督促其为生态环境做出应有的贡献。

2. 进一步提升政府治理能力和市场作用

扁平化的城市治理模式有利于打破传统行政的条块分割。绿色城市的建设涵盖规划、建设、环保、产业、财政、能源和土地等领域,需要政府的多个管理部门共同管理和协调，但是共同管理会造成部门利益冲突，使治理效率低下，给城市建设和发展带来不必要的内耗。缺乏核心部门的统筹运作成为不少绿色智慧城市建设进程中的突出问题，这就急需设立专门的组织机构来统一治理，完善专业一致的保障机制，保证绿色智慧城市的建设能够长期、有序发展。

绿色智慧城市的建设涵盖了城市经济、社会和环境等多方面问题。政府除了搭建涵盖智慧城市建设的绿色发展体系，在规划、建设和管理各个环节发挥引导作用，还应积极调动企业和社会的参与度，让市场的社会资源配置得到高效率发挥。因此应通过体制创新来调动市场的积极性，充分发挥市场的积极作用，发展新兴环保产业，倡导企业集约节能，引导社会消费需求，形成政府引导、市场主导、全社会参与的良性发展态势。

3. 充分发挥创新驱动在绿色智慧城市建设中的重要作用

由于智慧城市具有"天然"的创新基础优势，在创新驱动经济净效益最大化的同时，应更注重人与自然的协调关系。在中国大力实施创新驱动战略背景下，紧锣密鼓地推进绿色智慧城市建设，鼓励以创新驱动克服生产要素驱动带来的环境压力，促进经济增长由

"数量型"向"质量型"转型成为大势所趋。为进一步充分发挥创新驱动在绿色智慧城市建设中的重要作用，应着重关注以下四点。

一是政府应完善科技投入资金使用及监管体制。设立更具针对性的治污减排专项科技投入，并通过完善资源环境绩效指标提升行政化手段实施的科学性，利用绿色发展绩效考评资金使用效率。

二是建立政府与企业协同产业技术供给与管理机制。政府组织、引导地区科技力量开展协同创新研发活动，重视专利数量与质量协调发展，提高治污减排专利比例与真实专利转化效率。通过行业协会或企业组织对专利实施对接应用，落实成果转化，保证专利发明能切实运用于生产实践。

三是进一步完善教育制度、人才评价制度和人才使用与激励制度。增加治污减排创新人才的培养力度，在最大化挖掘已有创新人才潜能的同时，吸引高层次人才和科技成果，改善城市的人才结构，加强绿色领域的科技研发和创新，提高市场人才的流通和活跃度，让市场发挥最优配置作用。

四是在产业结构升级过程中更加重视高新技术产业发展以提升绿色生产效率，推进服务业发展以加大"清洁"行业的比重，充分利用第三产业中的创新活力，以实现更显著的环境"绿色效应"。

4. 提高城市绿色智慧应用普及率

在城市中推广绿色智慧服务设施及提升相关 APP 普及率，能倡导居民选择更多绿色生活方式。当前，中国绿色智慧城市的发展还处于起步阶段，绿色智慧并没有深入到城市居民生活中的每一个方面，绿色智慧城市的发展还需扩大绿色智慧的应用普及率。虽然在一些城市，绿色智慧交通、绿色智慧医疗等社会基本服务的绿色智能化已经初见成效，但绿色智慧城市的发展仍需要推广更多的绿色智慧应用，需要推动信息技术向更多生活和消费领域积极深入，且城市居民新型的生活方式和消费观念仍有待进一步形成。比如，倡导加强绿色智慧社区的建设，为居民提供绿色智慧应用、绿色智慧家居、绿色智慧医疗、社区安全等低碳化、智能化的应用，从而实现城市居民绿色智慧生活方式，打造绿色智慧城市的同时助力城市居民对美好绿色生活的向往。

（三）实施重点项目

当前中国绿色智慧城市建设面临的最大压力是，如何充分借助机制创新及新兴技术的助推效用，不断补齐短板，找到重点领域和关键突破口，通过工程项目的引导大力推动一大批后进城市绿色化、智慧化转型发展。

1. 构建区域一体化的生态联防联控体系

区域协同发展是未来城市，尤其是城市群发展的主力方向。区域环境容量不足，严重影响社会经济的进一步发展，区域环境质量难以根本改善，现代化进程也必将受到制约。症结就在于现有的生态环境协同保护治理机制缺乏包容性。同时，由于区域经济的高速发展与产业结构调整速度的滞后造成区域污染物排放居高不下，区域环境减排压力巨大。据此，在中国绿色智慧城市建设过程中，应充分借鉴长三角一体化的经验，督促各区域内的生态联防联控体系构建。

首先，要建立区域内生态环境治理的协同机制。在生态体系建设方面，只有统一规划和统筹实施，生态效益才能得到协同高效发挥。要健全区域内的"三线一单"（生态保护红线、环境质量底线、资源利用上线和环境准入负面清单）约束机制，分区分类设置产业准入环境标准，强化准入管理。同时，还要注重完善危险废物转移审批和服务机制，以保障区域内危险废物环境安全为目标，成立危险废物环境监管联动工作领导小组，建立危险废物跨省转移处置联合监管工作联席会议制度，等等。

其次，建立统一的节能减排评价考核体系。推动区域内节能减排相关政策一体化，尽快建立一体化的碳排放市场包括生态服务功能价值评估与跨行政区交易，尤其是构建区域内统一的节能减排评价考核体系。通过推动产业结构升级、强化区域合作关系、诱导企业创新等多种市场一体化路径影响区域要素资源配置，进而对区域内碳排放效益产生作用。

最后，健全区域内环境监管及补偿机制。在生态管控方面，除了建立统一的生态环境标准、统一的检测体系外，根据区域内实际情况及特征，形成与之相符的生态保护、修护治理制度。例如，吸引社会资本投入生态环境保护市场化机制，探索区域内企业环境风险评估机制，建立监测预警和动态完善机制，等等。按照"谁受益谁补偿"原则推进横向生态补偿机制的建立工作，以强化生产者环境保护的法律责任，大幅度提高违法成本。

2. 推动区域内绿色交通生态先行

绿色智慧城市建设的总体规划框架基本成熟后，需要加快交通基础设施建设和生态环境工程建设，以交通先行和生态先行来保障绿色智慧城市的建设。

在工程体系规划和建设方面，首要任务是优先发展城市公共交通和构建绿色低碳的交通体系。以绿色公共交通导向（TODs）理论为基础，同时把交通还给行人。通过高密度开发抑制城市蔓延发展；混合土地利用促进非机动交通出行，减少车辆出行公里数；减少地面停车场和不透水表层，增加城市的绿色开放空间和社区花园；扩大可再生能源利用比例，尝试在适当区域安装光伏太阳能发电装置，为周边社区提供电力。

在城市治理的创新项目方面，首要任务是推动绿色智慧城市间的绿色交通、绿色账户等制度的区域一体化发展。落实到具体工程上，一是要实现相邻绿色智慧城市之间交通卡的通用，鼓励区域内公共交通的发展，便捷居民在各城市间绿色出行；二是以垃圾分类为抓手，在绿色智慧城市建设工作中，积极推进开展生活垃圾分类工作。尽快建立城市群区域内统一的垃圾分类及处置系统，提升生活垃圾全过程精细化治理水平。

3. 善用智慧和数字技术来支撑城市公共服务

绿色智慧城市建设要充分重视公共服务配套与发展，建设水平一流、便捷完善的教育、医疗公共服务体系，并且充分利用大数据、物联网、云计算等高新技术，以数字城市和智慧城市的发展来助力中国绿色智慧城市的优质公共服务功能。实现智慧医疗、智慧交通、智慧社区等公共基本服务领域的改善，才能提升整座城市的吸引力、竞争力。

充分利用5G及物联网技术，实现绿色智慧城市全方位的互联互通。搭建信息共享平台、信息服务平台、跨行业共享服务平台、公共安全服务平台、社会生态与污染平台，建立对城市的交通、环境、人口、医疗卫生、公共安全等领域的立体感知网，为绿色智慧城市的未来规划和城市管理提供支持，实现决策者对城市的高效、科学治理。推进绿色生态城区建设、实施城乡绿色社区创建行动、提升建筑发展水平、构建绿色城市建设标准体系等多个维度的智慧城市。社区建设需要互联网企业、物联网企业、平台企业和智能终端企业共同参与。

重点关注物联网感知层和平台层覆盖范围的扩大。整合城市各领域绿色低碳的信息化建设成果，打造城市绿色低碳新型智慧城市大数据平台，实现各领域的交叉融合管理。时刻以人为本，把公共服务基础体系打造好，让城市真正为人服务。同时，关注信息数据的安全性，将各级各类国产密钥体系贯穿于各个平台和终端应用。为实现绿色智慧城市政务服务"一网通办"、城市运行"一网统管"夯实基础。

附　　录*

附录一　中国绿色智慧城市建设大事记①

2012年11月22日，中华人民共和国住房和城乡建设部办公厅下发《关于开展国家智慧城市试点工作的通知》，并且同时发布了《国家智慧城市试点暂行

---

* 附录撰稿人为罗峰、宋艳姣、朱贻文。

① 自绿色智慧城市的概念兴起以来，尽管面临着巨大的城镇化压力以及相对不均衡的地区发展现状，中国在绿色智慧城市建设及其相关领域依旧砥砺前行，取得了相当的成就。在本报告的结尾特别尝试对绿色智慧城市建设的大事记做出总结，这既是为了呼应本报告所一再强调的绿色智慧城市的重要建设意义，更是为广大绿色智慧城市建设提供更有价值的参考和借鉴。正如本报告前文所言，绿色智慧城市的立足理念是生态文明与信息文明，发展基础是大数据资源与信息科技技术，建设目的是人与自然、人与社会、人与人的和谐共处，因此，绿色智慧城市的建设离不开以下几个层面的支撑：国家政策扶持、国际交流合作、产学研一体化、标准化的引领与重大的基础性技术的突破。因此，本报告选取的中国绿色智慧城市建设的大事记也以此为依据，具体包括以下内容：第一，中国各级政府陆续出台的相关指导与支持政策；第二，国际间重大交流合作项目；第三，高新技术的引入、解决方案的融合以及相关标准评价体系的出台；第四，产学研交流融合的相关成果等。同时，大事记依据时间序列进行排序，截止时间为2019年12月31日。

管理办法》以及《国家智慧城市（区、镇）试点指标体系》，作为国家最早提出的智慧城市试点指标体系，体系中专门强调了园林绿化、历史文化保护、建筑节能、绿色建筑等方面的指标。

2013年5月23日，中华人民共和国环境保护部印发《国家生态文明建设试点示范区指标（试行）》，并于10月18日公布了第六批全国生态文明建设试点地区名单，共有54个地区入选。

2014年8月，国家发展改革委等八部委专门发布了《关于促进智慧城市健康发展的指导意见》，围绕"集约、智能、绿色、低碳"，提出未来城市要实现公共服务便捷化、城市管理精细化、生活环境宜居化、基础设施智能化、网络安全长效化。

2014年12月12日，由中国社会科学院城市发展与环境研究所主办的"绿色智慧城市高层论坛"在北京成功举行。会议以"迈向绿色智慧城市"为主题，围绕绿色智慧城市的建设进展、智慧城市解决方案、智慧城市建设展望等一系列理论与现实问题进行了分析研讨。会议指出，智慧城市建设是新型城镇化与城市现代化的重要抓手，智慧城市建设不仅仅是城市信息基础设施等"硬件"建设，更应是加强"城市系统软件"建设，以先进的理念与现代技术促进城市健康可持续发展。

2015年10月，在党的十八届五中全会上，习近平总书记提出创新、协调、绿色、开放、共享"五大发展理念"，将绿色发展作为关系中国发展全局的一个重要理念，作为"十三五"乃至更长时期中国经济社会发展的一个基本理念。

2015年12月20—21日，中央城市工作会议在北京举行。这是时隔37年后，城市工作再次上升到中央层面进行专门的研究部署。会议进一步明确了"绿色"与"智慧"的发展关系，既要推进城市绿色发展，为人民群众提供和谐宜居的生活，也要着力打造智慧城市，提高城市治理能力。

2016年7月，由IEC、ISO、ITU-T三大国际标准化组织联合主办的2016年第一届世界智慧城市论坛在新加坡举行。针对智慧城市国际标准化组织间合作问题，三大国际组织及各区域标准化组织就智慧城市领域标准化工作融合召开了闭门研讨会。中国国家智慧城市标准化总体组专家参加了此次论坛和三大组织会议。在国家标准化委员会的统一部署下，中国专家积极全面参与ISO、IEC、IUT-T、JTC1等国际标准组织的智慧城市标准化工作，得到国际同行认可。

2016年11月3日，全球城市气候领袖群（简称"C40"）城市可持续发展论坛在湖北武汉召开，来自全球19个大城市的政府官员和业界专家共聚一堂，分享气候开发与城市低碳可持续发展领域的经验，推进成员城市间的低碳交流合作，并正式发布了《绿色智慧城市开发导则》。

2017年4月1日，中共中央、国务院印发通知，决定设立河北雄安新区。这是以习近平同志为核心的党中央作出的一项重大的历史性战略选择，是继深圳经济特区和上海浦东新区之后又一具有全国意义的新区，是千年大计、国家大事。习近平总书记在指示中专门指出，"建设绿色智慧新城，建成国际一流、绿色、现代、智慧城市"，是规划建设雄安新区要突出的七个方面重点任务之一。

2017年4月26日，在欧盟委员会的指导下，中国城市小城镇改革发展中心与法国展望与创新基金会联合编写的《中欧智慧城市发展报告》正式发布。《中欧智慧城市发展报告》从全球角度分析了智慧城市发展的现状和趋势，汇集了包含"中欧绿色智慧城市奖"获奖城市在内的几十个中欧城市在智慧建设方面的背景政策、建设实施、技术要素、相关方参与等发展因素，中国香港、深圳、武汉、宁波、佛山等30个城市案例入选报告。

2018年9月26日，2018年绿色发展科技创新大会"一带一路"绿色城市合作论坛举行。来自世界各国的专家、学者、嘉宾同聚一堂，围绕绿色发展领域的城市合作，进行深入探讨交流。"一带一路"绿色城市合作论坛由论坛和圆桌会议两部分组成，作为2018年绿色发展科技创新大会五个专业分论坛之一，"一带一路"绿色城市合作论坛就创新驱动绿色发展、绿色引领城市未来和建设绿色、智能、宜居城市，实现城市可持续发展等方面，凝聚国际智慧，探索建立人类命运共同体下的绿色发展路径，进行了深入广泛的交流对话，形成了一系列共识。

2018年10月12日，住房和城乡建设部科技与产业化发展中心主办的"2018绿色城市与绿色建筑发展论坛"在北京召开。会议聚焦高质量发展背景下的绿色城市建设和绿色建筑发展，与会专家分别就城乡建设绿色发展、绿色城市规划、智慧海绵城市、绿色建筑评价标准等问题进行了交流分享，将务实发展、创新前沿与国际展望融为一体，分享全球发展经验，探讨未来发展趋势。

2018年12月18—19日，由中国城市科学研究会与海口市人民政府联合主办的2018（第七届）国际智慧城市峰会暨智慧城市创新生态博览会在海南国际会展中心启幕。本届大会以"智慧协同 生态创新"为主题，分享交流国际最新智慧城市建设经验，集中探讨人工智能、未来城市、大数据、城市大脑、物联网、智慧水务等新技术革命给城市发展带来的机遇和挑战，凝聚理念共识和行动共识，推动智慧城市生态创新和国际智慧城市标杆建设。"国际智慧城市峰会"自2012年成功举办首届以来，已成为国内智慧城市发展领域最具影响力的会议之一。

2019年4月10日，2019中国新兴智慧城市发展大会暨中国国际绿色智慧城市博览会（简称：绿色智博会，GSCE）在雄安新区容城市民体育运动中心隆重开幕。国家相关部委、地方政府、科研院所、社会组织、平台机构、行业重点企业代表出席了大会开幕式，开幕式由中国信息协会副会长朱玉主持。本届会展以"智慧科技，助力雄安"为主题，聚焦智慧城市建设以及数字化建设的未来，旨在通过"会""展"结合，探讨和开发智慧城市建设，为全球智能化产业相关组织、企业和专家学者搭建产业盛会、前沿展示和交流探讨的合作平台。

2019年6月14—16日，2019第五届中国智慧城市国际博览会在北京召开。第五届中国智慧城市国际博览会由城市和小城镇改革发展中心主办，来自有关部委、地方政府的代表，研究机构、知名企业代表1500余人出席了开幕式。博览会设有智慧城市建设成果展区、智慧城市示范应用展区、科技创新成果展区、互动体验展区、国际交流展区、智慧长廊等，充分展示了新中国成立以来城镇化发展取得的各项成果，展现智慧城市建设运营和科技创新的先进经验、推动创新驱动发展、增强国内外智慧城市和企业之间的互通交流。

2019年6月19—20日，由全国智能建筑及居住区数字化标准化技术委员会主办，腾讯房产协办的"全国智能建筑及居住区数字化标准化技术委员会2019年工作会议暨'智能+'绿色生活生态峰会"在北京成功召开。来自国家市场监督管理总局、住房和城乡建设部、国家标准化管理委员会、国家密码管理局等多个部委及全国智标委各分支机构的领导，以及行业企业代表、相关媒体等500余人出席峰会。

2019年9月2日，中国信息化研究与促进网发布了2018—2019年中国新型智慧城市建设与发展综合影响力评估结果。评估结果显示，北京、上海、广州、深圳、杭州表现突出，继续引领中国数字经济和智慧城市产业发展。这是太昊国际互联网大数据评级联合国衡智慧城市科技研究院、促进网网络发展研究中心等权威机构连续第五年组织开展中国新型智慧城市建设与发展综合影响力评估。

2019年9月26—28日，"2019中欧绿色智慧城市峰会"在广西南宁举办。"2019中欧绿色智慧城市峰会"由欧盟委员会指导，中国城市和小城镇改革发展中心、法国展望与创新基金会、广西壮族自治区南宁市人民政府、中国社会科学院"一带一路"国际智库等机构共同主办。以往三届中欧绿色智慧城市峰会共有32个国家和地区约300个中欧城市参评展示，约110个中欧城市代表团参与峰会。来自中国及欧盟各国城市代表、专家学者、企业负责人等就绿色智慧城市的发展现状和前景，以及如何推动政企间交流合作等问题进行了探讨。

2019年11月，《2019中国城市绿色竞争力指数报告》发布。该报告首次发布在2018年，2019年是第二次发布，主要以测评城市绿色竞争力为目标，在经济基础与科技进步、自然资产与环境压力、资源与环境效率、政策响应与社会福利四大子系统下设置了系列评价指标，构建了中国城市绿色竞争力指标体系。报告显示，城市绿色竞争力综合指数排在前5位的城市依次为北京、深圳、三亚、广州、鄂尔多斯。其中，有125个城市的绿色竞争力指数高于平均水平，165个城市低于平均水平。

附录二　中国绿色智慧城市建设示范城市

作为推动信息化与城镇化同步发展的载体,新型绿色智慧城市的建设备受各方关注。2014年中共中央、国务院印发的《国家新型城镇化规划(2014—2020年)》首次将智慧城市建设引入国家战略规划,自此智慧城市的实施在国内迅速开展。目前,住建部和科技部已正式公布了三批国家智慧城市试点名单,国内已形成数个大型智慧城市群。面对中国快速发展的智慧城市建设趋势,需不断总结城市发展中的成功经验,以更好地指导绿色智慧城市发展方向和及时解决智慧城市建设中存在的问题。因此,本部分主要基于绿色智慧城市的评价指标特征如绿色环保、科技智慧、人文指数等方面进行分类归纳,并兼顾中国的地区发展不平衡特征,筛选出各地区绿色智慧城市建设方面的典型城市进行分析,以期为中国绿色智慧城市建设的推广提供针对性的经验借鉴。

一　绿色城市典型案例分析

随着经济高质量发展的要求,绿色竞争力逐渐成为城市发展的重要引擎和风向标。联合国工业发展组织绿色产业平台发布的《2019中国城市绿色竞争力指数报告》显示，城市绿色竞争力发展呈现明显的区域差异，中东部地区绿色竞争力优势明显。根据2019年中国绿色城市排行榜，总分排名位于全国前20名的城市中，绝大多数为东部城市（13个），中部地区有5个城市（南昌、张家界、吉安、景德镇和大庆市），而西部地区最少，仅有2个城市入榜（丽江和拉萨）。从地域空间分布来看，这些排名前20的城市主要集中在中国长三角、珠三角、环渤海以及中部地区。西部地区很多城市的绿色智慧城市建设还处于空白，而中部地区的绿色智慧城市建设仍需进一步推进。因此本部分主要选取排行榜前20名城市中，东、中部地区具有代表性的城市，以期为全国城市绿色竞争力发展提供可供参考的经验借鉴。

1. 深圳：探索绿色科技创新 汇聚智慧城市发展新动能

2019年，深圳绿色智慧城市建设在全国总排名为第2位。第1位和第3位分别为北京和上海。与北京和上海相比，深圳的优势在于绿色指数、智慧指数和人文指数等各项指标均位于全国前列。其中绿色城市指标由2018年的全国第二名上升为2019年的第一名。深圳在2015年被评为"中国领军智慧城市"，智慧城市建设体现在科技、人文、生态三方面。近年来，深圳市秉持创新、协调、绿色、开放、共享五大发展理念，坚持质量引领、创新驱动、转型升级，努力以更少的资源能源消耗和更低的环境成本，以实现高质量、可持续的发展。

政府制定绿色发展规划政策体系。深圳市人民政府率先制定了《深圳经济特区循环经济促进条例》（2006年）、《深圳市公共机构节能管理办法》（2011年）等法规，随后相关部门相继出台了《深圳市餐厨垃圾管理办法》（2012年）、《深圳市绿色建筑促进办法》（2013年）等规章条例，印发了《深圳市循环经济"十三五"规划》（2017年）、《深圳市战略性新兴产业发展"十三五"规划》（2018年）等一系列绿色低碳领域的专项规划，为全市绿色发展提供持续的规划引导和措施保障。

坚持提升经济绿色含量，率先布局战略新兴产业。深圳积极对接世界前沿、国家领先的绿色产业技术创新、重大产业化项目、骨干企业培育等内容，结合本市发展重点领域和突破方向，大力发展技术领先、绿色低碳产品，建成投产华星光电第11代液晶面板T6项目、柔宇柔性显示等先进制造业项目，引进一批超10亿元重大产业项目，并不断推动筹建省级制造业创新中心；同时，深圳不断发展现代服务业和总部经济，以促进互联网金融、供应链金融等新业态发展。

探索绿色科技创新，助推智慧城市建设。作为国家创新型城市和自主创新示范区，深圳坚持创新生态链，不断争创创新能力，助推绿色发展。2018年全社会研发投入超过1000亿元，专利授权量增长48.8%，科技进步对绿色发展的贡献率进一步提升；同时，深圳建设清洁低碳安全高效的能源供应体系，因地制宜发展可再生能源、电池储能等分布式电源，大力推进电网建设，完善燃气供应体系，多渠道落实天然气气源供应和储备机制，提高能源供应优质服务水平[①]。

2. 厦门：生态环保理念融入城市交通建设

厦门的绿色智慧城市建设各指标体系相对比较均衡。其中绿色城市建设在2019年排行榜中位于全国第7位，智慧城市建设和人文城市建设也位于全国前列。根据《2019中国城市绿色竞争力指数报告》，厦门建成了中国首个TD无线城市，开创了以应用促进无线城市建设的先例，并于2019年入选中国绿色城市样本。近年来厦门坚持建设资源节约型、环境友好型城市，将生态环保融入城市交通建设、运营管理之中，走出了一条创新路径。据统计，厦门开展绿色交通示范城市创建以来，实现了年节约能源1.5万吨标准煤，减少二氧化碳排放近40万吨。绿色交通战略有效助力厦

---

① 资料来源：(1)《深圳提交绿色发展答卷：全市建成区绿化覆盖率45%》，《深圳要闻》2019年6月13日，http://www.sznews.com/news/content/2019-06/13/content_22146760.htm；(2)《探索"绿色科技"发展"智慧城市"》，《深圳特区报》2019年3月22日，http://sztqb.sznews.com/PC/content/201903/22/content_620823.html。

门持续提升生态环境质量，成为城市绿色发展的"行"动能。

建立公交专用道，倡导绿色公共出行。厦门市快速公交系统，是中国首个高架桥模式的BRT系统，拥有全国唯一的全程独立封闭路权的公交专用道，能够有效实现人车分离、公交优先。厦门BRT发挥城市公共交通主力军作用，以约5%的车辆数承担了全市公交客运总量的13%。此外，厦门还创新推出社区公交、微循环公交等方式，解决市民出行"最后一公里"问题；探索运营新模式，打造"约巴""里享行"两个特色公交品牌，通过网络预约出行，实现更加灵活、个性化的公交服务，满足市民差异化的绿色出行需求。

交通系统推动新能源、清洁能源的应用。在公交车方面，厦门积极推动公交车辆更新，目前新能源公交车辆已占全市运营车辆的62.5%；在出租车方面，采取奖励经营权指标政策，积极引导经营期满的巡游出租车更新为纯电动车辆，目前厦门市共有5620台出租汽车，全部为新能源和清洁能源车型；在网约车方面，2019年厦门市交通局发布的《厦门市网约车运营服务管理地方标准》，明确提出各网约车平台应引导新增车辆采用零排放的纯电动车型，目前，合规纯电动车超过1.2万辆，约占全市在营网约车的60%，纯电动车比例居全国前列。此外，厦门还打造了以环岛路、文屏路为代表的一批生态公路，为绿色出行提供了配套的基础设施。

打造交通信息共享服务体系，促进智慧出行。基于5G、大数据、云计算、人工智能等新技术，厦门正着力探索提升交通综合治理能力，让出行变得更智慧。通过应用交通大数据技术，厦门构建了全市统一的综合交通大数据中心体系，实现交通大数据7大类60项行业数据的整合接入，打造"一图、一库、一平台"的大交通信息共享服务体系。通过引入"公交智能大脑"理念，提升交通服务水平，促进智慧交通的发展。[1]

3. 大连：绿色产业助力城市转型升级

大连作为东北地区著名的旅游城市，在绿色智慧城市建设方面积累了一定的经验。其中智慧城市建设和人文城市建设分别处于全国第33名和第23名，而绿色城市建设表现突出，位于全国286个城市中的第15位。2011年大连入选全国首批"智慧城市"试点示范城市，2014年大连市人民政府印发的《大连市城市智慧化建设总体规划（2014—2020）》，为大连在生态科技创新城和智慧社区等方面积累了较为丰富的生态宜居型智慧城市经验。

---

[1] 资料来源：《厦门绿色发展的"行"动能》，《福建日报》2020年1月2日，http://www.fujian.gov.cn/xw/ztzl/gjcjgxgg/xld/202001/t20200102_5172251.htm。

加强智慧能源和智慧环保的发展。通过利用信息化和智慧化技术提升大连能源使用效率，并提高城市环境检测能力，推进了智慧能源和智慧环保的发展，其中具有代表性的是智能路灯的应用。智能路灯集照明系统、WIFI 天线基站、视频监控管理、城区环境实时监测、紧急呼叫、充电桩等功能于一体。通过完善智慧城市信息系统安全体系，提升了城市管理、道路交通、生态环境等领域的智能感知水平[1]。

绿色产业助力城市转型升级。大连是中国东北地区最具发展潜力和活力的现代化滨海城市。自 2000 年起，大连正式启动"碧海蓝天"工程。通过设立新能源发展专项资金等措施，推动产业体系向绿色转型，重点在核电设备、风电设备、新能源汽车、半导体照明等方面培育绿色产业集群；同时，大连大力发展半导体"绿色照明"产业，推进绿色产业园区建设。[2] 通过引导智慧产业的发展致力于智慧城市构建领域的探索和创新，推动了大连绿色、循环、低碳发展。

二 智慧城市典型案例分析

建设绿色智慧城市是个逐步推进的过程。目前国

---

[1] 资料来源：http://news.fzg360.com/a/552967.html。
[2] 资料来源：《2020 年大连将全面建成"智慧城市"》，《重庆晚报》2017 年 6 月 29 日。

内已经提出建设绿色智慧城市的城市中，有的是创新推进智慧城市建设，如"智慧北京""智慧南京"等；有的是围绕各自城市发展的战略需要，如成都的智慧城市标准化体系建设、青岛的生态智能园区等。绿色智慧城市建设要基于城市发展特点，选择相应领域的突破重点，从而实现绿色智慧城市建设的发展目标。

1. 北京：智慧园区能源互联推进新型"智慧北京"建设

北京在智慧城市方面一直走在全国前列。在2019年中国绿色智慧城市总分排行榜中北京位列第1位，其中智慧城市建设指标位于全国首位，人文城市建设指标位于第2位。近年来，"智慧北京"建设已在信息基础设施、公共服务方面有突破式进展，并在诚信体系建设方面成为引领示范。北京的智慧城市建设经历了"数字北京""智慧北京"阶段，作为新型智慧城市建设的首批实践城市，北京目前正在全面推进以数据驱动为核心的新型"智慧北京"建设。

智慧园区能源互联与数据应用建设。北京经开区作为12个园区能源互联网示范项目，智慧园区能源互联与数据应用建设以数据化、智能化应用为核心，初步实现了园区节能、绿电、感知设备隐患等主要功能。通过将智慧能源运营上升为园区整体运营战略，建设互联网+"源—网—荷—储—控—用"综合智慧运营服务商业运营模式，以园区为载体打造产、研、金融服务能源互联网产业集群，树立了智慧园区绿色、节能、安全的建设典范。①

重视市民及社会的参与，推进城市环境智能化。北京通过以移动技术为代表的物联网、云计算等新一代信息技术的应用，实现全面感知、泛在互联、大数据计算的应用。在城管信息化建设中重视用户体验和参与，重视市民及社会的参与。如手机终端的开发，通过移动应用APP，实现市民参与、咨询、建议等功能，体验"我的城市、我做主"的新模式。在城市环境智能化方面，推进基于创新2.0的公共服务模式、感知数据驱动的高峰勤务模式。朝阳区的智慧城市建设具有代表性，如一氧化碳的预警预报系统、免费自行车系统等，此外智能家居、智慧社区方面也有一定发展。②

2. 成都：积极探索完善智慧城市标准化体系

在中国西部城市中，绿色智慧城市建设做得最出色的是成都，成都排名由2018年的第18名上升为

---

① 资料来源：《信通院发布2019新型智慧城市十大案例》，2020年1月2日，中国信通院网站，"http://www.afzhan.com/news/detail/79592.html" http://www.afzhan.com/news/detail/79592.html。

② 资料来源：（1）《北京：规划2020年成为智慧城市建设示范区》，《城市规划通讯》2017年第3期，第14页；（2）王红霞：《北京智慧城市发展现状与建设对策研究》，《电子政务》2015年第12期，第97—103页。

2019年的第13名。成都在智慧城市建设方面很有经验，位于全国第6名；成都人文城市建设方面也有一定的优势，位于全国排行榜的第12名。2017年12月，ISO智慧城市国际标准（中国区）首批试点工作会在成都举行。会议发布《智慧城市国际标准试点成都共识》，成都成为10个国际标准试点中首批率先启动试点工作的城市；同时，成都也是中欧绿色智慧城市的合作试点城市，近年来其智慧城市建设效果显著。

完善与规范制度设计，加强公共数据统筹。为加快成都"互联网+城市"行动实施，推进新型智慧城市建设，2018年9月3日，成都市人民政府成立智慧城市建设领导小组。[1] 在制度层面，制定出台《成都市公共数据管理应用规定》《成都市政务云管理办法》等制度规范，加强公共数据统筹管理，大力破除信息障碍，并以互联网、交通网两网融合为基础，积极构建智慧城市新型支撑体系引导产业与空间的协调发展。按照"以应用聚资源、以资源促应用"的思路，促进信息网络、政务云平台等政务信息基础设施集约化建设，推进政务应用向云计算转型，促进了基础设施共建共享。

---

[1] 资料来源：《成都市政府成立智慧城市建设领导小组》，2018年9月11日，人民网，http://sc.people.com.cn/n2/2018/0911/c347313-32040679.html。

制定智慧城市建设标准体系规划方案。在标准化建设方面，成都积极开展标准试点调研工作、试点工作培训，并编制了试点实施方案。围绕"互联网+城市"行动方案，对标智慧城市国际标准，开展成都智慧城市建设标准体系战略研究，制定成都智慧城市建设标准体系规划和技术路线图。通过在政务云、交通、城管、水务、安监等重点领域选择重点项目开展标准试点验证工作，提升智慧城市建设水平，并以国际标准兼顾当地发展需求，形成行业应用地方标准，逐步完善成都智慧城市建设标准体系。[①]

3. 青岛：基于 CIMOS 平台的数字生态智慧园区

青岛在绿色智慧城市建设方面的成就位于山东省首位，在全国总分排行榜中位列第 12 名。其中，青岛在智慧城市指标方面比较突出，位于全国第 11 名。青岛打造的城市智能管理操作系统（简称 CIMOS）在业内属国内首创，其本身的经验对于其他城市智慧城市建设具有很好的参考价值。

CIMOS 是基于多维数据分析引擎驱动构筑的城市智能管理决策平台，对城市多维信息进行智能收集、分析和协同，形成城市时空大数据模型和城市动态信息的有机综合体。CIMOS 的特征可以归纳为四个方面：

---

① 资料来源：但强：《成都市智慧城市建设新举措》，《中国建设信息化》2019 年第 1 期，第 23—25 页。

一是城市时空大数据服务，基于BIM/GIS等技术构建园区城市二维、三维可视化数字模型底板，实现园区地理信息数据的一图多层可视化管理；二是园区经济运行管理服务，实现园区税收、产值、固定资产投资和企业与项目运行情况监测与整合分析；三是园区智能监督管理服务，搭建覆盖园区的物联网感知体系，实现城市建设、环境、能源、交通、安全等多领域数据的实时传输与分析预警；四是园区智慧政务管理服务，开展政务督查督办、融媒体服务、人才引进服务、行政审批、外事接待等服务。通过CIMOS的建设，青岛数字生态园区将在招商引资、招财引智和数字经济等领域持续发力，有效拉动地方经济的增长。[①]

三 人文城市典型案例分析

当前国内绿色智慧城市建设，东部地区由于开展绿色智慧城市建设的步伐较早，其相对发达的经济条件为绿色智慧城市的推广提供了基础保障。根据绿色智慧城市的分类指标体系，人文城市建设排在前三位的城市为上海、北京和深圳。前十名中，有七个城市属于东部地区（如广州、南京和杭州等），除武汉和

[①] 资料来源：《信通院发布2019新型智慧城市十大案例》，2020年1月2日，中国信通院网站，http://www.afzhan.com/news/detail/79592.html。

南昌属于中部城市外，西安是唯一排名前十的西部城市。上海、南京作为东部城市在人文城市建设方面具有明显的优势，而西安作为西部城市，在绿色智慧城市建设方面也有一定的人文特色。因此本部分主要选取这三个城市进行案例分析，以期为其他城市绿色智慧城市建设提供可供参考和推广的经验。

1. 上海：探索"市民云"社区发展新模式

上海在全国绿色智慧城市总排行榜位于第3位，其中人文城市指标在全国各城市中尤为突出，位于全国排行榜的第1位。目前，上海在人文保障、人文设施等智能化应用平台领域取得了一系列成果。尤其是城市建设的重点民生领域——智慧社区的落地应用都走在前列，值得其他城市借鉴与学习。

加强智慧社区建设。社区服务的"市民云"主要提供市政服务，以及社区事务和周边信息查询等服务，实现"一网通办"。智慧社区服务平台负责搭建起物业管理公司、业主委员会、居民委员会这三个主要社区管理方与社区居民之间的桥梁，方便居民在平台上进行数据查看、开门、物业服务等活动。将信息化管理和服务理念作为基层治理支撑，加快发展社区事务O2O模式。目前，上海已经在闵行区、静安区、浦安区等行政区域开展了近50个智慧社区试点，共建立2000余个智慧社区服务平台。在智慧健康方面，在医联平台和电子健康档案基础上,上海推动65家试点社区卫生服务中心与市级平台对接,基于"市民云"APP进一步整合各类服务资源和渠道,以提高城市管理效率。

2. 南京:率先建成智慧民生门户APP

南京自2013年被列为国家首批智慧城市建设试点城市后,在互联网+政务、互联网+民生等领域不断创新探索,尤其是在建设智慧南京中心,打造最强"城市大脑"方面,积累了很多可供参考的经验。

促进智慧产业间的联动发展,提升城市建设管理水平。早在2006年南京市人民政府就提出"发展智慧产业、构建智慧城市"构想。按照"智慧南京"的总目标,将智慧基础设施、智慧政府、智慧公共服务、智慧产业、智慧人文5个方面作为推动智慧城市建设的重点领域。目前,为建设最新的智慧化基础设施,南京利用物联网等先进信息技术对南京现有综合交通、环保、物流、电力、城市供水排水、公共生活服务设施等体系进行智慧化改造,以实现南京基础设施智慧化与城市管理智能化。

率先建成智慧民生门户APP。通过创新运用大数据、云计算、区块链等信息技术,南京"城市大脑"在全国率先实现40多个市级政府部门、9家企事业单位的数据资源共享和重点应用整合。南京率先建成城市智慧门户——"我的南京"APP，集成政务、交通、医疗等六大领域智慧应用，向公众提供一站式精准公共服务。目前APP平台集成度和用户数据均居全国第1，新型城市智慧门户有效提高了城市管理水平的品质和效率。

3. 西安："智慧政务"助推智慧城市建设

根据绿色智慧城市的指标体系，中国西部地区在绿色城市和智慧城市建设方面都比较靠后，仍具有很大的上升空间。作为西部地区中的先行者，西安在2012年被授予首批"国家级文化和科技融合示范基地"。西安拥有丝路起点、历史文化等各类资源优势，加上高校众多，科研院所集聚，拥有人才和区位优势。西安在2019年全国绿色智慧城市排行榜中位列第28名，其人文城市指标位于全国第10名，智慧城市建设位列第40名。虽然西安在绿色城市建设方面仍有很大发展空间，但其在人文、智慧城市建设中积累的经验可供西部地区甚至全国城市借鉴参考。

围绕"四城一中心"，打造数字名城。为建设新型智慧城市，西安围绕建设新零售之城、智慧管理之城、移动支付之城、移动办公之城和智慧物流枢纽中心"四城一中心"，全面打造"数字名城 智慧西安"；同时，不断加快城市大数据中心和智慧城市运行管理中心建设，努力打造城市智慧的"大脑"和"中枢"；

建立"防御、监测、预警、治理、评估"五位一体的网络和信息安全保障体系；制定数据标准、技术标准、评价标准、共享标准等制度规范，构建满足新型智慧城市建设需求的标准规范保障体系。

"智慧政务"助推"移动智慧城市"建设。目前，西安作为丝绸之路上首个"移动智慧城市"，人文、智慧城市建设已成为西部城市标杆。西安"智慧政务"领域位居西部城市第1，智慧城市服务已全面覆盖公积金、人社、税务、财政等方面。在医疗领域，西安市卫计委积极打造未来医院计划。依托先进的移动支付、认证识别等技术，实现线上预约、医保移动支付、先诊后付等功能，大力缓解老百姓就医难等问题，不断提升西安"智慧政务"的影响力。此外，西安结合"移动智慧城市"建设，聚力推进文化旅游融合发展，在智慧城市建设中融入"文化西安"的品牌影响力，文旅融合品牌效应日益凸显。[1]

---

[1] 资料来源：《西安成移动智慧城市领跑者 多领域领先全国》，《西安晚报》2018年4月29日，https：//xian.qq.com/a/20180429/004465.htm。

附录三　发达国家绿色智慧城市建设经验

当前，智慧城市战略在世界各国、地区和城市广泛展开，已经成为世界多数国家城市建设的主导方向和核心策略。欧洲、北美等地是世界绿色智慧城市创新的关键区域，德国、芬兰、英国、荷兰、法国、西班牙等都基于自身国家和城市特点开展实践，北美五大湖城市群是城市群尺度上绿色智慧城市建设的典范，以下将就欧洲、北美的一些发达国家城市和城市群在绿色智慧城市方面的建设经验进行分析和总结，以期为中国绿色智慧城市建设提供启示。

（一）芬兰赫尔辛基市

芬兰，作为北欧生态宜居城市建设的代表性国家，同时也是世界排名前三的创新型国家，注重将创新引入到城市建设中，低碳生态城市建设的代表性案例包括赫尔辛基市及其维基生态住区、坦佩雷市（Tampere）与累佩拉市（Lempaala）交界处的维累斯新城。芬兰在城市开发中注重生态优先，并将生态效率作为城市规划建设的重要依据。芬兰作为世界领先的生态城市倡导和先行者，于 2007 年在世界率先启动生态和数字城（住区）战略，在生态宜居规划建设中取得丰富经验。在芬兰就业和经济部的支持下，芬兰科技创新署（Tekes）于2013年启动INKA（创新城市计划，Innovative Cities），执行期为2014—2020年，分两批分别于2013年夏季和秋季启动。芬兰政府于2012年在全国遴选了6个最大的城市，包括赫尔辛基、Espoo、Vantaa、Tampere、Turku和Oulu，开展智慧城市试点项目，战略目标是在芬兰创造新的技术、商业和就业机会。每个试点城市在执行期内得到共计3000万欧元/年的资金支持（国家、城市和ERDF分别提供1000万欧元，其中城市部分为自筹）。重点推进未来健康、生物经济、网络安全、可持续能源、智慧城市和再生资源等。每个领域平均遴选3个城市作为试点，其中未来健康和智慧城市、可再生资源试点城市最多（分别为5个，未来健康和智慧城市包括Kuopio、赫尔辛基、Oulu、Tampere和Turku；可再生资源试点城市包括Lahti、赫尔辛基、Tampere、Oulu和Turku）。

　　赫尔辛基的生态智慧建设创新是芬兰的代表。伴随经济复苏、城市发展和就业增长等需要，芬兰重点资助清洁技术研发与应用，从城市综合解决方案出发，整合到大都市区建设之中。自1800年以来，芬兰首次高强度、大范围推进以赫尔辛基等六大城市为代表的生态智慧城市开发。赫尔辛基发布2050年总体空间战略，发展生态和智慧的核心路径与方式，以该市西湾和东湾两个主要项目群推进的总体概况为切入点，研究项目推进过程中落实生态和智慧的具体做法与经验，并着重调研了 Kalasatama 住区，解析芬兰生态智慧规划建设的最新思路和实际成效，总结了芬兰生态智慧城区开发的成功经验（高度开放、政府透明治理、深度以人为本；充分数据公开、广泛支持多主体参与；重视国内外合作研发；注重中低收入人群、老龄化人群和年轻家庭等的社会住房改善等）。推广绿色低碳建筑，通过有效参与来构建智慧化的基准平台，通过交互式界面来实现智慧计量，建设住区慢行交通系统和透水路面，应用真空收集装置收集住区生活垃圾和针对住区居民服务架设局域网实现全覆盖。[①]

（二）丹麦哥本哈根

丹麦哥本哈根（Copenhagen）计划在 2025 年前成为第一个实现"碳中和"的城市。目前，哥本哈根已经是"全球碳足迹最少的城市"，并多年蝉联"欧洲最智慧城市"的称号。为实现 2025 年"碳中和"的最终目标，哥本哈根市政府启动 50 项举措，致力于在 2015 年实现减碳 20% 的中期目标。以智能建筑为例，

---

① 资料来源：徐振强：《欧洲绿色智慧新城建设经验谈》，《城乡建设》2017 年第 9 期，第 72—75 页。

在建筑项目的最初期便融入节能设计元素，使用太阳能光伏实现建筑物能源补充，通过绿色房顶收集雨水用于建筑物内的温度冷却，冷却后热水启动再利用，通过热能存储用于楼宇补充供热。

围绕建设主题全面部署智慧应用，建设成效显著。目前，哥本哈根已在自行车代步、一体化交通、海水清洁、水资源管理及保护、风能新能源利用、废物利用、城市区域供暖、多重制冷、建筑节能、家庭智能用电等各个领域部署相关应用并取得了显著的成果。自1980年以来，丹麦经济增长了80%，但是能源消耗保持不变，二氧化碳排放大幅降低。

政府主导的智慧应用以切实提升市民体验为重点。如哥本哈根智慧政务系统，统一为每个市民分配电子邮箱，开设"Easy Account"和"Payment Denmark"账户，使得市民可以通过自身唯一的账户与政府管理部门安全、有效地对话，统一获取养老金等社会福利，从而降低了政府管理成本，提升了政府服务效率，真正提高了市民获取政府服务的便利性。

信息共享助力便民服务。在各项公共服务提供中，智慧电子政务成效显著。究其原因，最关键的是政府和企业均能共享最基本的公民信息——如丹麦国民ID即被称为CPR（Central Persons Registration）的10位数个人识别号码。个人ID从在医院就诊、工商纳税到开设银行账户、租赁音像光盘，无论对公、对私都需要使用。目前，企业与政府共享个人的 ID 信息，大幅提升了市民办理日常事务的便捷性。例如，在电信局申请宽带时，仅需在电信局网站主页即可办理。由于电信局可以访问政府的公民数据库，输入申办用户的 ID 号码，就会自动调取用户的姓名、住所、电话号码等与国民 ID 绑定的个人信息。这种企业业务受理与行政办公数据库的互联，无论对于使用者还是提供服务的企业，都可以实现高效便捷的办事效果。

充分发挥联盟和组织的作用，联合社会各方共同推进智慧建设。目前，哥本哈根智慧城市建设虽仍以政府投入为主，但同时也在积极、广泛地吸引各方出资、出力参与智慧城市建设。"State of Green" 和 "CLEAN" 组织就是其中的代表。"State of Green" 作为哥本哈根智慧城市建设的重要组成部分，汇聚了丹麦政府、丹麦工业联合会、丹麦能源协会、丹麦农业与食品委员会、丹麦风能协会等能源、气候、水技术、环境领域的所有领先参与者，提供解决方案、产品，促进企业对接；"CLEAN" 目前通过大数据基础设施建设项目为社会提供数据开放使用平台，同时探索商业模式，实现公共平台的长期可持续运营。联盟对整个产业的聚合作用越来越显著，也更有利于集体优势的发挥。

充分调动研究机构参与建设的积极性。哥本哈根与丹麦技术大学合作建设实验室，针对风能利用存在的问题研究新的技术解决方案，并将其逐步应用于实际风能发电系统。另外，哥本哈根最近也与麻省理工学院合作，发展配备了感应器的智慧单车。感应器不但能将即时资讯传达给单车骑士，更可提供给行政单位，整合空气污染与交通拥塞等开放资讯。[①]

（三）奥地利维也纳

早在2011年12月，"智慧城市维也纳"项目就入围第一届世界智能城市奖，这反映出维也纳在智慧城市概念、项目和解决方案等方面都取得显著突破。维也纳希望借助"智慧城市维也纳"将城市定位为欧洲智能研究和技术领域的领导者，包括三个方面目标，即城市"智慧发展道路"、提高能源效率和保护环境气候、最终建成绿色城市。具体任务包括城市能源系统的宏观管理，高效率的生产和供应技术，智能网络和热能供应，低能源需求的活力建筑，发展环保、高效节能、低碳排放的活动系统。从维也纳智慧城市发展的经验看，绿色城市发展与提升能源效率和保护环境气候联系在一起，并在城市规划层面得以实施，从

---

① 资料来源：关欣、吕恺：《欧洲智慧城市建设现状及启示》，《电信网技术》2014年第10期，第45—48页。

而与智慧城市框架和绿色城市建设的目标结合起来融合发展。

在过去几十年中，维也纳快速成长为国际城市中环境质量和生活质量突出的先导城市，在美世咨询公司关于全球城市生活质量排名研究（2016年）中，维也纳也位列顶级城市，其生态环境质量指标尤为突出。"智慧城市维也纳"计划是推进维也纳成为智能研究和技术方面的领先城市，其中气候和能源问题成为诸多"智慧"解决项目计划的重中之重。

在城市规划方面，推进空间规划和基础设施的智慧、绿色结合。"智慧城市维也纳"关注空间规划和基础设施建设，努力与正在制订的城市总体规划实现无缝对接，约束城市快速扩张，实现能源节约和零碳排放。首先，关注城市人口高速增长对城市住房和基础设施提出的多样化要求，认为未来城市规划必须首先要关注能源利用效率，保证城市能够充分满足未来更多人口的生产和生活需求。其次，在能源利用增加的基础上，对气候保护和城市环境质量都提出新的要求，在城市总体规划的评估报告中，对于气候保护和环境质量都提出相应目标和行动，包括提升能源利用效率、有吸引力的城市设计、绿色开放空间等。最后，确定两种发展路径以推进"智慧"与"绿色"的融合，一方面是对现有能源设施、交通设施等进行智慧改造，提升能源利用效率和降低碳排放水平；另一方面是在新城开发新的示范项目，例如在阿斯本（Aspern）湖畔地区建设了提升能源利用效率的重点应用示范工程，成为欧洲最大的气候保护示范工程之一。

在环境保护方面，推进多个领域的智慧应用和更新"气候保护计划"是维也纳推出的最全面环保计划。第一期计划时间为1999—2010年，城市成功实现每年310万吨二氧化碳减排的目标。根据第一期经验，维也纳市议会在2009年12月更新气候保护计划，以充分与"智慧城市维亚纳"项目融合。通过高新科技的智慧改造，新的计划有效期至2020年，涵盖37个领域385项措施，包括能源、交通、城市基础设施、废物管理、农业和林业、自然保护和公共关系等。维也纳市议会也相应颁布了"维也纳市政能源效率计划"（SEP），该计划为消费者提供依据能源政策的消费导向，包括100个能源效率措施，针对所有重要的消费领域，如家庭、公共和私人服务，所有产业和制造业行业同样涉及。

在建筑物改造方面，以智慧项目提升排放与节能标准。维也纳有94万套住房，其中市政府拥有22万套，一些非营利性住房企业拥有18万套，剩下的为社区住房。数量庞大的社区和非营利性存量住房，是生态导向的可持续发展住房政策的先决条件。在"智慧城市维也纳"项目中,推出一系列改造措施,包括通过智慧项目的建设,提升房屋建造水平和翻新建筑环境标准;保持热电联产优良传统,工业余热和生物质能等热废物回收利用;制订全球顶级新住宅建筑用地总效能标准;城市更新改造中着力推进节能改造、平屋顶绿色改造等工作。

在经济生产方面,以鼓励生态购买支持环境友好生产。维也纳代表着奥地利最高的经济发展水平,在欧洲也处于领先的地位,受聘于第三产业的员工达80%以上。此外,由于缺少大型工业项目和大型生产基地的活动,导致维也纳相对较低的能源效率,仅为全国的12%。由于奥地利为市场经济国家,在"智慧城市维也纳"项目中维也纳更多支持面向生态的政府采购,通过"维也纳生态购买"计划鼓励企业提升能源利用效率,支持环境友好型企业发展。此外,维也纳政府生态商务计划是一个特定应用程序,主要支持本地企业采用更加生态环保的生产手段。

在交通设施方面,以智慧改造项目改善公共交通系统。维也纳拥有全球最高密度的公共交通网络,公共交通"维也纳Linien"为城市提供快速、安全和环境友好的城市交通。通过智慧改造,包括对地铁、有轨电车、城市轻轨及公共机车的实时信息查询和社交联系、区域能源消耗测量、环境数据收集、实时交通需求管理等功能进行升级，维也纳强大的公共交通系统未来可以更好地成为"基于城市需求的公共交通产品"。此外，城市交通总体规划也体现出维也纳战略交通理念，制定明确的交通运输政策，充分考虑地方、区域和全球发展优先次序，特别是城市交通面向"新欧洲"开放，管理和处理长距离交通运输且不影响维也纳居民生活质量也是未来需要重点解决的课题，这些都需要"智慧"的高科技手段解决。[①]

（四）北美五大湖城市群

北美五大湖城市群（Great Lakes Megalopolis）位于美国和加拿大的交界处，五大湖按大小分别为苏必利尔湖、休伦湖、密歇根湖、伊利湖和安大略湖。除密歇根湖为美国独有外，其他四大湖为美国和加拿大两国共有。五大湖是世界上最大的淡水河地表水系统，所蓄淡水占世界地表淡水总量的1/5。五大湖区的兴起得益于丰富的煤铁资源和便利的水运，重工业发达。同时，五大湖区也是美加两国重要的农业基地和渔业基地。北美五大湖区生态环境治理过程，对于中国绿

---

① 资料来源：（1）李健：《维也纳以"智慧城市"框架推动"绿色城市"建设的经验》，《环境保护》2016年第14期，第63—66页；（2）张庆阳：《欧洲绿色智慧城市建设经验谈》，《城乡建设》2017年第11期，第70—72页。

色城市建设有着重要的借鉴意义。

五大湖城市群的繁荣发展，使当地获得了巨大的经济利益，同时也带给原有生态环境系统很大的冲击。20世纪早期，未经处理的工业废水直接排放到水体中，污染了湖区大部分河流，森林砍伐、农业开垦导致土地裸露、水土流失加剧，城市迅速扩张造成野生生物栖息地大量减少，过度捕捞造成渔业资源匮乏，农药和化肥大量使用引发水体富营养化等。至20世纪40—60年代，当地有机化工和冶金工业得到大力发展，导致大量重金属和有毒污染物质进入水体。重金属污染由于毒性强、具有累积性、不能被生物降解等特点，对水生生物和人类健康危害极大。此外，汽车普及造成含铅废气排放量的增加以及化肥、杀虫剂的广泛使用，也加剧了五大湖的水污染。五大湖水环境恶化所造成的不良后果日益显现出来。到20世纪60年代初期，伊利湖的西部和中部已经由良性的好氧生态系统转变为恶性的厌氧生态系统，至每年夏天，水体由于严重富营养化而引发水华现象，藻类大量繁殖，水面污浊不堪。另外，受城市扩张影响，湖区内湿地面积损失将近2/3，湿地的减少又压缩了野生生物的生存环境，许多物种消失或濒临灭绝。同样的问题也不同程度地出现在五大湖的其他四个湖中。水污染问题对湖区居民和生态系统的影响也非常突出。如1950—

1960年，秃鹰和双脊椎鸬鹚的繁殖能力下降，当地人口出生率也降到极低水平；1971年，在汉密尔顿的幼燕鸥中，观察到了诸如绞形嘴、畸形脚和瞎眼等残废和畸形；1980年，发现一些食用五大湖鱼的母亲的孩子们，在生理和行为上同正常孩子存在差别。

20世纪60年代末开始，五大湖水环境恶化问题逐渐引起社会各界的重视，美加两国政府开始联手，共同治理五大湖水环境污染。

在区域合作方面，1972年，美加两国签订了五大湖水质协议，美国政府开始增加在污染治理方面的投资，并制定污染物排放标准，建立城市污水处理厂。从1977年起，秃鹰和双脊椎鸬鹚的繁殖状况开始改善。1978年，五大湖水质协议进行二次修改和补充，着重强调有毒污染物对生态环境的影响，减少非点源污染，恢复和维护湖区生态环境。1987年，对五大湖水质协议进行第三次修订。协议着重强调对非点源污染、大气中粉尘污染和地下水污染的治理，并首次提出实行污染排放总量控制的管理措施。1991年，要求削减酸雨的美加空气质量协定签署，同年，两国政府以及安大略省、密歇根省、明尼苏达州、威斯康星州4省（或州）政府就"恢复和保护苏必利尔湖的两国合作计划"达成共识。1995年，美国国家环境保护局颁布了被称为五大湖水质保护规范的五大湖水质导则。

2002年，在由美国联邦政府、湖区州政府和当地部落高级代表组成的研讨会上，通过了名为"五大湖地区发展战略"的区域发展计划。2004年，由联邦政府内阁成员、资深人士、国会议员、流域管理者、部落代表以及地方政府相关代表组成的代表团在芝加哥签署了"五大湖宣言"，以恢复和保护五大湖的生态系统。

在基金支持方面，1989年由各州州长就五大湖保护建立了以公共资本为基础、私人经营的大湖保护基金。这个基金由州长和总理会议创建，由各州或省一次性投入公共资金作为股本，建立私营股份制的基金公司。基金的收入用于两个目的：测试改善大湖地区健康状况的新行动，支持各州的大湖保护与管理优先事项。

在法律保障方面，2005年，州长和总理会议签署了《大湖契约》。这个契约的目的是科学管理和保护大湖区以及圣劳伦斯河流域的安全与可持续供水。这项契约得到了所有8个与大湖接壤州的州议会以及美国国会的批准，于2008年10月3日由时任总统布什签署成为法律。在随后的几年里，通过州长和总理会议达成了若干保护和管理协议。

20世纪90年代以后，随着一系列环境治理措施的进一步贯彻落实，五大湖生态环境状况得到极大改善：

入湖营养物质大大削减,水体溶解氧逐步恢复,好氧水生生物数量增长,鱼类和水生生物体内累积的重金属含量降低,一些消失的鱼类和动物种群再次出现,饮用水与公共健康得以改善等[①]。

[①] 资料来源:窦明、马军霞、胡彩虹:《北美五大湖水环境保护经验分析》,《气象与环境科学》2007年第2期,第20—22页。

参考文献

《北京：规划2020年成为智慧城市建设示范区》，《城市规划通讯》2017年第3期。

陈劲：《绿色智慧城市（一）》，《信息化建设》2010年第3期。

陈渊源：《上海全方位推进新型智慧城市建设》，《上海信息化》2017年第1期。

川江：《智慧城市发展已成"燎原"之势》，《中国商界》2019年第11期。

大海港：《2019智慧城市解决方案提供商100强》，《互联网周刊》2019年第18期。

但强：《成都市智慧城市建设新举措》，《中国建设信息化》2019年第1期。

丁波涛、陈隽：《全球智慧社会发展趋势》，《中国建设信息化》2020年第13期。

窦明、马军霞、胡彩虹：《北美五大湖水环境保护经验分析》,《气象与环境科学》2007年第2期。

关欣、吕恺:《欧洲智慧城市建设现状及启示》,《电信网技术》2014年第10期。

《国务院关于印发全国资源型城市可持续发展规划(2013—2020年)的通知》[国发〔2013〕45号],2013年11月12日,中国政府网,http://www.gov.cn/zwgk/2013-12/03/content_2540070.htm。

IBM商业价值研究院:《您的城市有多智慧?——帮助城市衡量进步》,2012年,http://wenku.it168.com/d_000560879.shtml。

IDC中国:《中国医疗行业IT市场预测,2019—2023》(IDC#CHC44054519),2019年12月。

寇有观:《智慧生态城市是创新的城市发展模式》,《办公自动化》2018年第5期。

李健:《维也纳以"智慧城市"框架推动"绿色城市"建设的经验》,《环境保护》2016年第14期。

刘举科、孙伟平、胡文臻:《中国生态城市建设发展报告(2019)》,社会科学文献出版社2019年版。

刘振亚:《建设我国能源互联网 推进绿色低碳转型(上)》,《中国能源报》2020年7月27日。

前瞻产业研究院:《2015—2020年中国智慧城市建设行业发展趋势与投资决策支持报告》,2015年。

生态环境部:《2019中国生态环境状况公报》,2020

年6月。

孙伟平、曾刚、石庆玲等:《中国绿色智慧城市发展研究报告（2018）》，中国社会科学出版社2018年版。

滕吉文、司芗、刘少华:《当代新型智慧城市属性、理念、构筑与大数据》，《科学技术与工程》2019年第36期。

王红霞:《北京智慧城市发展现状与建设对策研究》，《电子政务》2015年第12期。

王永芹:《当代中国绿色发展观研究》，博士学位论文，武汉大学，2014年。

徐振强:《欧洲绿色智慧新城建设经验谈》，《城乡建设》2017年第9期。

余清楚、唐胜宏:《移动互联网蓝皮书:中国移动互联网发展报告（2018）》，社会科学文献出版社2018年版。

曾刚:《我国生态文明建设的理论与方法初探——以上海崇明生态岛建设为例》，《中国城市研究》2014年第7期。

张庆阳:《欧洲绿色智慧城市建设经验谈》，《城乡建设》2017年第11期。

中国信息通信研究院:《中国城市数字经济指数白皮书（2018）》，2018年4月。

Boots B., Okabe A., "Local statistical spatial analysis:

Inventory and prospect", *International Journal of Geographical Information Science*, 21 (4), 2007.

Elizabeth A., Mitchell R., Hartig T., "Green Cities and Health: A Question of Scale?", *Journal of Epilepsy*, 66 (2), 2012.

Giffinger R., Pichler-Milanović N., "Smart cities: Ranking of European medium-sized cities", *Centre of Regional Science*, Vienna University of Technology, 2007.

Henry S. Rowen, "Smart Green Cities", 2017-09-15, http://fsi.stanford.edu/research/smart_green_cities/.

Hsu A., Zomer A., "Environmental performance index", *Wiley StatsRef: Statistics Reference Online*, 2016.

IDC Worldwide Smart Cities Spending Guide, 2020V1, 2020.

Neirotti P., De Marco A., Cagliano A. C., et al., "Current trends in Smart City initiatives: Some stylised facts", *Cities*, 38, 2014.

Rees W. E., "Ecological footprints and appropriated carrying capacity: what urban economics leaves out", *Environment and urbanization*, 4 (2), 1992.

Rosario Ferrara, "The Smart City and the Green Economy in Europe: A Critical Approach", *Energies* (S1996 - 1073), 8 (6), 2015.

Zipf G. K., *Human Behavior and the Principle of Least Effort*, Cambridge: Addison-Wesley Press, 1949.